古代歷史文化研究輯刊

二二編

王明蓀 主編

第 10 冊

明代北邊衛所城市平面形態與主要建築規模研究（上）

段智君、趙娜冬 著

國家圖書館出版品預行編目資料

明代北邊衛所城市平面形態與主要建築規模研究（上）／段
智君、趙娜冬 著 — 初版 — 新北市：花木蘭文化事業有限公司，
2019〔民108〕
目 4+190 面；19×26 公分
（古代歷史文化研究輯刊 二二編：第 10 冊）
ISBN 978-986-485-904-7（精裝）
1. 都市建築 2. 建築史 3. 明代
618   108011805

ISBN-978-986-485-904-7

9 789864 859047

古代歷史文化研究輯刊
二二編 第 十 冊   ISBN：978-986-485-904-7

明代北邊衛所城市平面形態與主要建築規模研究（上）

作　　者　段智君、趙娜冬
主　　編　王明蓀
總 編 輯　杜潔祥
副總編輯　楊嘉樂
編　　輯　許郁翎、王筑、張雅淋　美術編輯　陳逸婷
出　　版　花木蘭文化事業有限公司
發 行 人　高小娟
聯絡地址　235 新北市中和區中安街七二號十三樓
　　　　　電話：02-2923-1455／傳眞：02-2923-1452
網　　址　http://www.huamulan.tw 信箱 hml810518@gmail.com
印　　刷　普羅文化出版廣告事業
初　　版　2019 年 9 月
全書字數　183972 字
定　　價　二二編 25 冊（精裝）台幣 63,000 元

明代北邊衛所城市平面形態與
主要建築規模研究（上）

段智君、趙娜冬　著

作者簡介

段智君，博士畢業於清華大學建築學院建築歷史與理論專業。長期從事建築歷史、理論、設計以及文化遺產保護研究。現任教於北京工業大學建築與城市規劃學院、北京市歷史建築保護工程技術研究中心。

趙娜冬，天津大學建築學院副教授，博士畢業於清華大學建築學院建築歷史與理論專業。

提　　要

明代北邊有軍事衛所建置的城市是明代建城活動中的重要組成部分，也是明代城市史建築史研究中不可或缺的一環。本文主要從城市平面形態與主要建築規模兩方面，根據明清地方史志，對北邊衛所城市的有關建成結果和營建規制進行研究。首先對各地區衛所城市體系形成過程的有關史實加以梳理，明確主體是在洪武永樂朝（1368～1424年）創設成型，至嘉靖隆慶朝（1522～1572年）調整完善完成。在此基礎上，廓清北邊衛所城市群作為戰備防禦整體，需要形成一個適應交通應援的城市體系，其正常運行是建立在相應地區內城市分佈有序、距離適當的基礎之上，進一步討論了各地區衛所城市體系的平面分佈狀況和城市主要建築的規模。

本文研究爲清華大學王貴祥教授主持的國家自然科學基金資助項目：明代建城運動與古代城市等級、規制及城市主要建築類型、規模與布局研究（項目批准號：50778093）的子課題。

目

次

前　言

　　明代北邊有軍事衛所建置的城市是明代建城運動中的重要組成部分，也是明代建築史研究中不可或缺的一環。本文主要從城市平面形態與主要建築規模兩方面，根據明清地方史志，對北邊衛所城市的有關建成結果和營建規制進行研究。

　　本文首先對各地區衛所城市體系形成過程的有關史實加以梳理，明確主體是在洪武永樂朝（1368～1424 年）創設成型，至嘉靖隆慶朝（1522～1572年）調整完善完成。在此基礎上由於各地區北邊衛所城市體系作爲戰備防禦整體，需要形成一個應援交通的系統，其正常運行需要相應地區內的城市分佈有序、距離適當，討論了各地區衛所城市體系的平面分佈狀況，提出以衡量軍隊每日行軍強度的指標 60 里左右爲基數確定衛所城市間距及分佈關係。

　　然後，通過對實例的數據統計分析，明確各地區衛所城市的城牆周回規模與其所轄軍力規模是有一定對應的關係的，尤其在衛所獨立建置無府州縣的城市最爲明確。並且，對以往有學者總結的明清城市街道網基本模式進行完善補充，基本可以將北邊衛所城市中所見的全部實例歸入新歸納的街道平面模式分類中。鑒於城市主要建築存在按方位分佈的社會文化現象，對公署、壇壝、學校以及城隍廟等作爲建成結果的有關分佈方位趨勢加以考察總結，提出了一些全新觀點。

　　本文還分別對主官公署、主要壇壝和官辦學校這三類北邊衛所城市基於「修政教」的基本治理要求而必設的主要建築規模特點展開研究。其中，衛、所主官公署及其對應的同城府、州、縣主官公署的主要建築規模未見系統的規制，但在實際運行中逐漸形成一定規模特徵，比較實例指出主要門堂的規

模開間適應主要院落功能需求，由其主官品秩確定，可隨宜從簡，營建中亦有相互參照的趨勢。

由於壇壝建設受到明代制度規範的較大影響，本文分別對社稷壇、風雲雷雨山川壇、厲壇這三種主要壇壝的實例重點加以關注，從壇制、周垣規模和附屬建築等角度，考察其中的壇壝形制和平面尺度。

另外，分別對府、州、縣儒學和都司、衛、所儒學以及武學等官辦學校有關實例展開研究，各類儒學的基本布局大致有前廟後學和廟學並列兩種情況，主要建築類型大體一致，不同等級的儒學並沒有明顯的建築規模等級關係。官辦學校整體受到明王朝統治者重廟輕學、重文輕武思想的影響。

第1章 緒 論

　　本文研究爲國家自然科學基金資助項目：明代建城運動與古代城市等級、規制及城市主要建築類型、規模與布局研究（項目批准號：50778093）的子課題。

　　本文研究以分佈在明代北部邊境上的軍事衛、所建置城市作爲基本研究對象。

　　按照明代的軍隊整體編成，北部邊境地區從遼東至甘肅，廣泛建置有大批衛（常轄五個千戶所）、獨立的（千戶）所等軍事單位，以鞏固發展邊防，拱衛北京，「天下既定，度要害地，繫一郡者設所，連郡者設衛。大率五千六百人爲衛，千一百二十人爲千戶所，百十有二人爲百戶所。所設總旗二，小旗十，大小聯比以成軍。」〔註1〕本研究涉及的衛、（千戶）所主要歸遼東、大寧、北平（後改直隸）、萬全、山西、陝西等五都司，以及山西、陝西等二行都司等統轄，並分別由左、後、右軍都督府總領。

　　這些衛、所治署的所在，尤其是直接瀕臨邊境防線並具有區域內重要戰略地位的城市，共達一百餘座，本研究稱之爲「北邊衛所城市」。這些北邊衛所城市的軍事職能突出，一般或者是依託北邊既有的一些府、州、縣城市建置，或者是在邊陲要地新建獨立的以軍事職能爲主的城市來設置，均具有較大的城市規模並建有堅固的城池和較爲完善的城市建築設施，以利於長期較大規模統軍屯駐戍守。

　　在一定意義上，北邊衛所城市是明代北部邊境地區城市體系的根本骨架。

〔註1〕 《明史》卷九十，志第六十六，兵二衛所班軍。

1.1 研究背景與基礎

繼元代受到不同外來文化介入影響之後，明代經歷了一場中華傳統文化的全面回歸和重建修復過程，元明之際成爲了中國城市史、建築史上以唐、宋、遼、金爲代表的中古時期之後的重要轉折時期。已有很多學者就明代的衛所軍制、北邊長城防禦設施、村堡聚落等內容展開了卓有成效、見仁見智的研究工作。

而建築歷史相關領域關於明代地方城市史和建築史研究也方興未艾。特別是近年來，王貴祥先生在求索實踐中，開創性地將這個研究方向歸納爲對「明代建城運動」的探研，即「在恢復唐宋之風的命題下，重新開啓的一個新的制度重創時期。元末明初的制度重建，不僅在國家禮制規範、國家行政區域、分等級的城市分佈方面，而且在城市規劃與建設、建築等級規模與建築結構與造型方面，都爲其後的數百年中國歷史起到了一個開創性的作用。」〔註2〕先生還親自主持指導「明代建城運動與古代城市等級、規制及城市主要建築類型、規模與布局」課題的研究組，著力深入細緻加以探究，著述成果頗豐；令此整體研究氣象爲之一新，並促動了一批中青年學者將研究重心轉向於此。

本研究的選題和展開工作就是依託這樣的研究基礎進行的。

1.1.1 作爲明代建城運動的重要組成部分

聲勢浩大的明代建城運動至少在兩個方面與本研究所關注的北邊衛所城市與建築有直接關聯。

1.1.1.1 以當時構建完備的全國城市體系爲發展契機

經歷了元代戰亂，全中國的城市被摧毀破壞很多，因此，明初醫治戰爭創傷，恢復城市體系、加強城市建設、完善城市職能，是明統治者首先要解決的問題。由於前代蒙元爲地跨歐亞的大帝國，明王朝勃興所囊括版圖範圍的北部邊境地區基本上正是東亞地理意義和傳統意義上的「農牧交錯帶」，這個大地區「北起大興安嶺西麓呼倫貝爾，向西南延伸，經內蒙古東南、冀北、晉北直至鄂爾多斯、陝北的從半乾旱向乾旱區過渡的廣闊地帶。這一地

〔註2〕王貴祥，明代建城運動概説，中國建築史論彙刊（第壹輯），北京：清華大學出版社，2009：139。

帶不但有農有牧，而且時農時牧。」〔註3〕再加上迤西的賀蘭山脈、黃河上游、河西走廊附近等，這些地區（其後形成明代北邊地區）均爲故元統治區腹地，追溯起來，其中的大部分地區（如燕雲十六州等）在不晚於遼代便已納入了北方民族政權的轄治之下。在上述地區，屬於農耕民族建置的用以防衛游牧民族入侵的城市體系，其主體至少需要溯至唐代以前。到元末明初，這個廣大地區的城市建設水平和完備程度遠不及以南的中原地區，因此，勢必需要開展全新的主要用於防禦來自北方的故元（或稱北元、前元、蒙元等）後裔及相關勢力進犯的城市體系建設。

此外，在明王朝的整個北部邊境地區，自洪武永樂開基將故元勢力驅退塞外，直至隆慶萬曆年間的二百餘年裏，北方邊患始終未獲徹底解決，廣泛延及的軍事行動就從來沒有停息過，並且從初期故元王族相關勢力試圖恢復其統治的全面反攻，轉爲了以後很長時期裏北方局部各游牧部落此起彼伏的野蠻掠奪和進犯破壞。

作爲防禦故元勢力南下侵擾的舉措，明太祖朱元璋先後派遣徐達、常遇春、藍玉等名將出塞打擊有關敵人；明成祖朱棣也曾多次御駕親征，「五出漠北、三犁虜庭」。明初，還大量分封諸皇子就藩北邊爲王來鞏固各戰略核心地區。

> 國初都金陵，以西北胡戎之故，列鎮分封，似乎過制，當時已有葉居升輩漢人七國之慮。今考廣寧遼王、大寧寧王、宣府谷王、大同代王、寧夏慶王、甘州肅王，皆得專制率師禦虜，而長陵時在北平爲燕王，尤英武，稍內則西安秦王、太原晉王，亦時時出兵，與諸藩鎮將表裏防守。孝陵崩，少裁抑，而齊、黃諸臣受禍矣。肅王今移蘭州。〔註4〕

甚至明王朝在永樂時將都城（行在）從南京遷往北京，很重要的目的也應該是通過構建完備的北邊城市體系來調動舉國的經濟、政治、軍事力量來解決北邊的防禦問題。

> 眾所周知，中國在歷史上曾不斷受到北方民族的威脅，爲了防衛國土，就有必要在北方保持強大的軍事力量。然而，如果政治基

〔註3〕 劉清泗，中國北方農牧交錯帶全新世環境演變與全球變化，北京師範大學學報（自然科學版），1994，（04）：504。

〔註4〕《今言》卷一・八十八。

地設在南方，又要在北方確立軍事權，也有可能在國內形成兩個中心地，這不符合統一王朝的方針，絕不是統一王朝所期望的狀態。特別是在南京這樣偏南的地方建都，對北方軍事的統制力也會削弱，如果稍有差錯，可以說像唐末藩鎮那樣的強大勢力也有在北方產生的危險。〔註5〕

從這個意義上來說，儘管在中國歷史上防衛北部邊境的長城防線早在先秦便已出現，但是，明王朝對這道全新北邊防線的鞏固確立卻是一個空前的大舉措。

因此，為保障社稷穩固，明王朝歷代統治者都對控馭北部邊境地區的城市防禦體系的構建投入了極大的人力、財力和物力。例如，在萬曆朝，北邊宣府等 13 鎮每年例銀共 3,223,046 兩，竟占到國家總財政支出的 76.29%〔註6〕。可以認為，北邊建設成為有明一朝的頭等大事，有些學者甚至認為明王朝可能為此耗盡了國力。顯然，北邊地區有關城市（包括衛所城市以及未建置衛所的州、縣城市）的建設作為全國城市體系構建的重要組成部分，是明代建城運動中至關重要的內容之一，對有關內容展開研究的意義非常重大。

1.1.1.2　依託高水平發展的城市建設和城池營造能力

明代的中國城市建築整體發展水平，在元代戰亂破壞後，掀起了又一個高峰。僅就城池建造能力來看，明代即有巨大的進步和提升，「城池的建造與修復，以及對舊有土築城垣的磚甃加固工程，是一個貫穿始終的全國性建造工程。這樣大規模、大範圍、長時期的國家性城市建造工程，既不見於明代以前的唐、宋、遼、金元時期，也不見於明以後的有清一代。」〔註7〕從全國範圍來看，明代城市的城池一般均建有完固的城池且城牆先後包磚，「大量性的長時期建造磚城，對磚及黏結材料的生產，磚結構技術的發展都是一個有力的刺激」〔註8〕，明代是我國磚石建築發展的又一個高潮，而這被認為首先

〔註5〕〔日〕檀上寬，明王朝成立期的軌跡，日本中青年學者論中國史（宋元明清卷），上海古籍出版社，1995：三四八。

〔註6〕賴建誠，邊鎮糧餉——明代中後期的邊防經費與國家財政危機，1531～1602，臺北：聯經（中研院叢書），2008：88。

〔註7〕王貴祥，明代建城運動概說，中國建築史論彙刊（第壹輯），北京：清華大學出版社，2009：156。

〔註8〕潘谷西，中國古代建築史（第四卷：元明建築），北京：中國建築工業出版社，2009：156。

是由明代建城興起的。

　　與此同時，明代城池建造中的防衛經驗和建設要求也較前代積累更多。明中期名將戚繼光（1528～1588 年）在其練兵治軍的經驗總結《紀效新書》的「城制解」一節有提到：「大、名城，高除垛，城身必四丈或三丈五尺，至下亦三丈，面闊必二丈五尺，底闊六丈；次城，除垛，城身高二丈五尺，面闊二丈，底闊五丈；小城，除垛，城身二丈，面闊一丈五尺，底闊四丈，此其大較，若再加寬闊益善，勢不可再減」，他還對加強城牆堅固程度的覆面材料作出了明確建議，「凡城身第一磚，第二石，第三土」，並特別指出，只有達到 1.5 丈以上的城高（不含垛口），此城池才具備防禦能力，「若除垛，城身只丈五者，則不可守」〔註 9〕。

　　而幾乎同期，名臣呂坤（1536～1618 年）巡撫山西時所著《實政錄》中也有相近的經驗總結，「凡城不宜大，大則難守，城不宜卑，卑則易等，大者根厚五丈，頂闊二丈五尺，小者根厚三丈頂闊丈五，高須三丈五尺，卑亦不下三丈」。〔註 10〕本研究在對有關史料的整理探索中也發現，明代北邊衛所城市的大部分城牆高度確實均符合此範圍。

表 1.1.1　明代中期以後城牆修築尺度的經驗總結舉要

出　自	戚繼光《紀效新書》			呂坤《實政錄》	
規模	大、名城	次城	小城	大城	小城
城高	4 丈；3.5 丈；3 丈	2.5 丈	2 丈	3～3.5 丈	
底闊（厚）	6 丈	5 丈	4 丈	5 丈	3 丈
頂闊（厚）	2.5 丈	2 丈	1.5 丈	2.5 丈	1.5 丈

　　明代相關的城市和城池建設成就很多，但是，從直接面臨敵衝的北邊衛所城市入手來加以考察，無疑也是審視明代建城運動的重要視野。

　　還需要特別指出，明代北邊衛所城市建設作爲「明代建城運動」中至關重要的一個方面，也極大地影響了今天的北京、天津全部，河北、山西、陝西北部，遼寧、寧夏、甘肅大部等範圍內的主要城市的當代面貌。包括其城鄉區劃設置、城市體系框架、城市職能定位、城市空間結構、城區功能設定、主要歷史建築空間形制等在內的諸多要素，相當大部分都是在明代逐步創

〔註 9〕〔明〕戚繼光《紀效新書》（十四卷本）卷十三，守哨篇。
〔註 10〕〔明〕呂坤《實政錄》卷九。

建、初具規模並基本定形的。因此，有必要對明代北邊衛所城市展開一定研究，可能給予當代城市規劃建設與歷史文化遺產保護以一定理論和實踐支持。由於本研究針對的有關城市群涉及環渤海經濟圈、大北京建設、西部開發戰略、振興東北老工業基地、中部崛起規劃、京津冀一體化、雄安新區建設等國家發展政策重大議題，本研究的相關學術意義、現實意義均非常重大。

1.1.2 對有關研究領域的借鑒

1.1.2.1 明代衛所軍制等相關研究

關於明代衛所及有關制度，考察歷史學界多年來前輩時賢已有的研究，我們認爲大多從以下兩個方面對明代衛所制度進行過深入的探討。〔註11〕

第一，衛所是軍事制度。衛所是明朝軍隊的基幹，所以研究明代軍制則必關注衛所制度，並將其納入了傳統政治制度、軍制史的研究範疇。較早涉及明代衛所制度及有關軍制的開創性研究成果首推吳晗先生的《明代之軍兵》（載《中國社會經濟史集刊》第 5 卷 2 期，1937），全面地考察了明朝衛所、軍戶等制度的發展歷程，還首次討論了明代「軍」與「兵」的差異。此外，解毓才先生的《明代衛所制度興衰考》（載《說文月刊》1940 年 2 卷）一文，詳細梳理了衛所的編制體制、層次類別、募兵軍餉等問題，還指出衛所制度源於元代禁衛軍制等。吳晗、解毓才等學者提出的研究框架至今仍然是這個領域內有關研究的主線。

近幾年來有關明代北邊軍制的討論又有成爲研究熱點的趨勢，其中趙現海的博士論文《明代九邊軍鎮體制研究》（東北師範大學，2005）的論證最爲系統，還有彭勇的專著《明代北邊防禦體制研究》（中央民族大學出版社，2009）等等。

另外，不少學者對明代衛所軍戶的來源、組織、武職世襲等情況做過專門探討，其中較系統的專著如張金奎的《明代衛所軍戶研究》（線裝書局，2007）等。

此外，軍屯是衛所制度的經濟基礎，王毓銓的《明代的軍屯》（中華書局，1965）研究最爲宏闊，對軍屯的歷史、管理、生產以及軍屯崩壞等內容

〔註11〕本處內容參考總結了以下有關研究：于志嘉，明代軍制史研究的回顧與展望，衛所、軍戶與軍役——以明清江西地區爲中心的研究，北京：北京大學出版社，2010；鄧慶平，明清衛所制度研究述評，中國史研究動態，2008，（04）。

都有詳細涉及。延至近年，仍有學者或根據新發現的史料（如遼東明代檔案史料），或從不同角度（如明中後期爲補充衛所軍不足而發展民壯、募兵等）提出了一些新見。

多數從事有關研究的歷史學者認爲，單純從軍制角度研究明代衛所，大多是在文獻考訂的基礎上宏觀把握制度沿革和對制度結構的充實完善。或者可以說，單純從軍事制度角度來審視衛所相關問題固然非常重要，但僅僅是此整體研究領域的基礎。

就本研究而言，北邊衛所城市作爲軍事職能突出的城市類型，其中的重要居民是職業軍士及其世襲軍戶（含正軍和至少一名隨行餘丁及其家屬），不僅表現在戶口數量上，而且其經濟地位和社會影響力也佔有主導地位，以衛所軍事制度入手來定位明代有關北邊城市，是本研究的基本出發點。

第二，衛所是行政區劃與地理單位。譚其驤在《釋明代都司衛所制度》（載《禹貢》第 3 卷 10 期，1935）一文中最早指出，明代的都司衛所不僅是簡單的軍事制度而且是一種行政區劃，文中提到，「置衛所以統轄軍伍，設都司以掌一方兵政，其初本與地方區劃不相關。洪武初或罷廢邊境州縣，即以州縣之任責諸都司衛所；後復循此例，置都司衛所於未嘗設州縣之地，於是此種都司衛所遂兼理軍民政，而成爲地方區劃矣」。他還創造性地將所有衛所分爲實土和非實土兩類。目前一般認爲，實土衛所多置於邊境未設州縣之地，兼理民政又往往具有獨立的行政區劃意義，佔有大量土地人口；非實土者（附郭於府、州、縣）僅掌軍政〔註12〕。

通過實土衛所與非實土衛所的劃分，從歷史地理學的角度重新審視明代都司衛所，使得衛所制度研究跳出了單純軍制史的窠臼。特別是在 20 世紀 80 年代，顧誠的《明前期耕地數新探》（載《中國社會科學》1986.04）與《明帝國的疆土管理體制》（載《歷史研究》1989.03）兩篇論文，指出明代全國土地分別分屬於行政系統和軍事系統，還將明代的主要軍事系統——「都司—衛所」看作是一種軍事性質的地理單位，而且是與行政系統——「府—州—縣」同時運轉的一套疆土管理體系。軍事系統的都司—衛所既管轄著不屬於行政系統大量軍士屯田，又代管有民籍人口所耕土地；不僅管轄軍戶，而且管轄

〔註12〕關於附郭於府、州、縣的「非實土」衛所，有學者的研究表明，其中仍然佔有著相當大量的人口土地。所在區劃內的民政既有歸府、州、縣管轄，也有衛所管轄的，情況不一。

有不列入軍籍的民戶。

　　　　衛所制度是有明一代重要的軍政制度。明代全國普設衛所，衛
　　　所作爲明帝國基本的軍事單位，管轄一定數量的軍戶，承擔軍役。
　　　然而，衛所在很大程度上還是一種軍事性質的地理單位，涉及到明
　　　帝國的版圖、管理體制、土地、戶籍制度、人口遷移等一系列問題。
　　　因此，衛所制度是明史研究的重要問題。至清代後，統治者大力裁
　　　撤衛所，或將衛所併入原有的府、州、縣，或改衛所爲新設的府、
　　　州、縣，這一調整改制的過程影響清初全國大部分地區管理體制和
　　　政區劃分的變化。〔註13〕

　　這一點也與本研究關注的北邊衛所城市發生重要關聯。需要這裡特別指
出，實土（獨立）與非實土（附郭）衛所城市，也是北邊衛所城市需要加以
區分的兩種類型。值得我們注意的是，實土衛所城市的居民人口主體是軍人
和軍戶，即使是在非實土衛所城市中，與軍隊有較爲直接關聯的人口也往往
占相當大的比重。這也是本研究將北邊的衛所城市與未建置衛所的其他州、
縣城市加以區分的重要原因。

　　同時，由於發現明代衛所制度在全國各地的施行情況差異較大，因而已
有一些學者對不同地域的衛所分別進行過關注，其中與北邊地區有關的研究
專著有楊暘的《明代遼東都司》（中州古籍出版社，1988）等；論文如李三
謀《明代遼東都司、衛所的行政職能》（載《遼寧師範大學學報》社科版
1989.06）；馬順平的《明代陝西行都司及其衛所建置考實》（載《中國歷史地
理論叢》2008 年 2 輯）；武沐《岷州衛：明代西北邊防衛所的縮影》（載《中
國邊疆史地研究》2009.02）；鄧慶平的《衛所制度變遷與基層社會的資源配
置：以明清蔚州爲中心的考察》（載《求是學刊》2007.06）；張金奎的《明代
山西行都司衛所、軍額、軍餉考實》（載《大同職業技術學院學報》2000.03）
等等。

　　在這些研究視野裏，需要本文研究借鑒的是，衛所制度不僅對應於一種
單純的軍制組成和軍事機構，而且是明王朝對其國家疆土進行全面控制管理
的一種方式，對不同地域的地方社會的影響也是複雜的、全方位的。衛所制
度既改變了地方區劃和城鎮的分佈格局，又在歷史時段裏影響了地方社會族
群認同與劃分、政治權力與基層社會的變遷。正是由於大量衛所城市（尤其

────────────────
〔註13〕鄧慶平，明清衛所制度研究述評，中國史研究動態，2008，（04）。

是實土衛所城市）具有與地方行政區劃相同的意義，至清代裁撤衛所時，它們都被改置成正式的政區。

在這裡，衛所制度的有關研究就轉化成爲區域社會史研究的一種分析視角，與此同時，其研究本身在軍事制度史與社會史、地域史、地方城市史等之間的既有樊籬也就被打破了。本研究將考察對象設定爲對府州縣與衛所兩套制度系統下存在的北邊衛所城市（包含實土和非實土），就是沿著這樣的思路並具有一定典型性。

1.1.2.2　明代長城及防禦設施研究

明代北方邊牆的大規模和高水平修築使得明長城（邊牆）達到了中國千餘年長城建設史的頂峰，長城作爲中華民族勞動人民的智慧結晶包含著無窮的研究內容。對明長城及其防禦設施的研究也成爲當之無愧的顯學，古往今來已有無數仁人志士、專家學者著力與此，並且成績斐然。

在當代的文化遺產保護等研究領域，仍然有一大批學人圍繞明長城遺存和史料進行了頗有見地的探討，並已有諸多研究成果，在此我們不必一一列舉。

在廣泛借鑒學習的同時，這裡也有必要指出，我們現在透過一些著名景點看到的明長城城牆遺存片段，並不能概括明長城以及明代整個北邊防禦體系的全部形象和特徵。邊牆是與其軍事防禦體系布局是相配套的，並非孤立存在的，況且，邊牆也並非始終是明代北邊地區防禦的核心，或者可以說，對明長城的研究不能取代對明代北邊衛所城市，以及對北邊城市防禦體系的研究。

事實上，在明代的絕大部分時間裏，北邊的邊牆修築實際上只是城市防禦體系的補充。在明初，可以認爲是當時的積極防禦甚至是攻勢防禦戰略使然，而在其後近一百年的對峙交鋒較量中，明朝作爲新生王朝的軍事優勢逐漸喪失，不僅開始憑城築壘防禦北邊，逐漸構建形成了北邊城市防禦體系。並且根據當時各區段的敵情緩急局勢，先後開始大規模修築邊牆以完善整個防禦體系。

至成化年間的余子俊、嘉靖年間的翁萬達等封疆大吏先後在延綏、寧夏、大同、宣府等地大規模更築高大堅固的邊牆，又經過隨後的不斷增建完善，才漸成我們今日所見的明長城遺存的主體規模，但幾乎與邊牆的全面修築同時，明代北邊防禦全面轉向了消極的守勢。而且，邊牆及其防禦設施阻遏敵

軍的眞正效果也是有限的，此間有必要稍加分析。

隨著長城研究的進步，一些學者已經開始注意到了常識中對長城理解的「城牆化」誤區。假如長城只是一條「線性」的城牆，那麼明代北邊邊軍鼎盛時期所謂「帶甲百萬」是這樣分佈的：

假設，單人正面寬度約 0.5 米

那麼，100 萬人站成一排就是 50 萬米=500 公里=1000 里

又知道，萬里長城=10000 里

因此，百萬大軍即使全體官兵不分日夜不吃飯不休息在明長城的「城牆」上站成一排，也只能布置成一個間距 5 米的警戒線。通過這樣的算術計算我們即可知，當時僅靠這道邊牆是達不成任何戰略意圖的。

在有關歷史文獻中也有輕邊牆而重邊城的闡述，以大同爲例，在明代前期曾先後興建有兩道邊牆，但至嘉靖年間幾乎完全失去效果，只能依託重要的衛所城市展開防禦，「北二邊俱壞，虜至直抵鎮城。況虜在套中平處，西近老營堡，虜才出套便涉其境。」〔註14〕

又如在嘉靖年間，曾有過兩段討論，也比較能說明有關問題。先是嘉靖三十三年，一任宣大總督向皇帝奏報，認爲邊牆可以守禦，但需提高防禦設施的設計建置水平。

> （宣大）總督侍郎許論奏：「前尚書翁萬達議築大牆於大同禦虜，此今日安邊長策，但以兵少不便擺邊，於是變而爲守牆不若守敵臺之說，又變爲改敵臺爲空心甎臺之說，皆非久計也。臣復思之，萬達所築邊牆六百餘里，沿邊有墩臺六百餘座，皆在牆內，每賊攻牆既不得用其力，賊已入牆，率震駭逃去。今不若將各墩臺改築牆外，每三百步一座，俾矢石相及其離牆俱不越二三十步之間，每墩底闊四丈五尺，頂三丈二尺，高三丈，上加女牆營房，以便棲止，下築月城穴門，以通出入，墩各置壯士十人守之。」〔註15〕

之後至嘉靖四十一年，另一任宣大總督即認爲，邊牆基本無用，甚至中小型城堡也是不能據守的，北邊只能依託大規模的堅城厚堡才能穩固。

> 甲寅總督宣大尚書江東言：「北虜自二十九年深入之後，謀臣經略無慮數家。有爲修邊之說者，宣府東自開平，西至洗馬林；大

〔註14〕皇明九邊考・卷第五・大同鎮。
〔註15〕《明世宗實錄》卷之四百十五，嘉靖三十三年十月戊辰朔。

> 同東自新平，西至丫角山；山西則自偏頭以至平刑，築垣乘塞，延
> 袤三千里，而一時中外翕然，謂可恃以無虞，及其虜之潰牆直下，
> 曾無結草之固。又有爲築堡之說者：使人自爲戰，家自爲守，棋布
> 星羅，遍滿川原，然虜一深入，望風瓦解，村落殲則掠及小堡，小
> 堡空，則禍延中堡，中堡盡而大堡存者僅十之一二。又有謂守無足
> 恃，倡爲血戰之說者，惟以戰勝爲功，不以敗亡爲罪，而不度彼己，
> 易於嘗虜，良將勁兵銷滅殆盡。凡此之計，臣已目見其困矣。萬不
> 得已，惟有保全邊堡一策最爲切要。」〔註16〕

這是經歷了嘉靖中期的無數次被北虜突破北邊防禦體系，擄掠腹裏地區的血的教訓而得出的經驗。

明初最盛時期，北邊防線推進至秦漢長城以北，從黑龍江流域的努爾干都司開始，歷遼東、大寧、開平、東勝、河套，至嘉峪關外哈密諸衛一線，遍立都司衛所，屯重兵戍守，東西渾然一體。永樂以後，大寧都司衛所內遷至保定，北邊防線被打破。尤其遷都北京後，京畿周邊完全暴露在蒙古精騎的面前，爲了拱衛北京，那麼，以其爲中樞來構建新的配置重兵衛所的城市體系則成了必須。

> 此其建置，扼險據要，棋布星列，如臂指相使，枝幹相承，可
> 謂極周密矣。然自大寧失而薊州宣大不相聯，自河套失而大同榆林
> 不相聯，如此而深爲萬全之謀也，得乎哉，至自薊以達遼，惟恃山
> 海關一線以相通。〔註17〕

正統「土木之變」以後，明廷又相繼徹底失去了對開平、東勝地區的控制，開平、東勝等衛相繼棄守原駐地，內遷至京畿的順天府、永平府地區，整合遼東、薊鎮、宣府、大同等地原設都司衛所，添加班軍等，建置新的北邊防線成爲必須。另外，到成化宣德年間，蒙古多部進佔駐牧黃河河套地區，寧夏、延綏、甘肅各地直面其衝，其邊界又屈曲綿延數千里，防線多三面臨敵。這樣在此三地後方添設固原等衛所城市來加強防禦縱深也就成了棋局上至關重要的一招。

可以認爲，明長城，即明代的「邊牆」，即使包括沿線的烽燧、墩堡等，其主要功能基本只是一個「藩籬」的作用。更重要的是在其縱深要點上駐有

〔註16〕《明世宗實錄》卷之四百十五，嘉靖三十三年十月戊辰朔。
〔註17〕欽定四庫全書，子部，類書類，圖書編，卷四十三。

重兵、擁有軍事職能強大的城市共同體——北邊衛所城市。或者可以說，很多情況下眞正的「長城」實際上是由北邊城市防禦體系及生活在其間的軍民共同構成，而非單單邊牆所能。

本研究對北邊衛所城市探討的開展，必將會對有關長城研究有所擴展和深化，甚至可能在某種程度上增強長城研究的信心。

1.1.2.3　明清北方村堡聚落等研究

近些年來，隨著國內建築研究相關領域的深化，相關成果大致可見如下兩類：

第一類是對長城附屬城堡建築的研究。此類選題本身往往開宗明義，高屋建瓴，意義深遠，研究主體仍屬於長城學的分支。但是也有少數研究成果有不盡完善之處。

例如，其中有一些討論過分強調其對古代城堡城防和城牆設施情況進行當代建築設計語彙的推測和解說。其實，數百年以來時過境遷，這些有關遺跡的實際留存情況有限，後人往往很難完整獲知其建築設施本體的眞實性和原始設計意圖，也就更難科學地理解和解釋其中可套用於當代建築設計的某些「歷史規律」。又由於這些城堡建築作爲軍事駐防設施的單一軍事屬性，其後世多演變爲村落或廢棄，在明清及後世又缺少足夠的歷史文獻記載和基礎調研，僅從影像或外觀來加以考察則有一些困難不可逾越。

值得本研究汲取的經驗的是，對歷史城市建築的研究，不能脫離文獻史料的運用，而對明代北邊衛所城市展開研究勢必需要具備一定的直接文獻史料基礎。

當然，此類研究中仍然不乏充分基於翔實的歷史文獻梳理和紮實的田野調查所開展的深入探討，如李貞娥的學位論文《長城山西鎭段沿線明代城堡建築研究》（清華大學，2007）等。還有一些是將有關村落的歷史發展變化與當前的實際保護更新項目相聯繫，作爲案例研究，其中的很多成果也是具有一定研究深度的。

第二類是對古代軍事性質聚落的研究。類似研究中的大部分都是具有開闊思維和鮮明特點的，如王絢的博士論文《傳統堡寨聚落研究——以秦晉地區爲例》（天津大學，2004）等。

但也有相當一部分研究是存在概念混淆或疑問的。例如，一種常見的邏輯誤解如下：因當代的「聚落」（settlement）一詞可定義爲人類各種形式聚

居地的總稱，便將古代一定地域範圍的所有城市和村堡統統納入了某種「聚落」體系當中。

當前國內的「聚落」研究，主要借用的是西方現代人類學、社會學領域生發的概念，與之相對，中國古代所稱「聚落」者，其所指明確都是村落，如果將這個頗爲晚近的洋概念直接移植於中國古代城市研究中，就會產生歷史共時性意義上的研究對象扭曲。固然辯駁者可以借用《漢書・溝洫志》的說法——「民耕田之，或久無害，稍築室宅，遂成聚落」〔註18〕——來說明中國古代有「聚落」一詞。但我們不妨仔細閱讀這條原文，則不難揣摩到中國古代「聚落」的所指實爲村落，事實上也與城市的概念有顯著差異。換言之，在歷史學討論中，言古代的聚落則勢必是指古代的村落。

> （明）穆宗隆慶元年十一月，命直隸山西各州縣選編民兵，廷臣議禦寇之策，請團民兵，言燕趙三晉古稱用武多材之地，未嘗無兵，督撫兵備率令有司，於各鄉里壯丁選編成伍，無事則共習騎射，有警則同爲拒守，詔從之。至二年九月兵部議覆大學士張居正團練鄉兵疏，請通行各邊郡縣，不分城市村堡，軍餘民舍皆列爲鄉兵，如邊軍隊伍之制。〔註19〕

而且，在中國古代，城市與村堡恰恰也是有明確分別的，我們更不能用一個當代概念的 settlement 來替代屬於古代的「聚落」一詞，將二者在當下強加混同起來。舉個不一定恰當的例子類比。我們現在完全可以將漢高祖劉邦所任亭長職位「戲說」爲今世行政體制中的鄉鎮領導一級，儘管這在歷史故事的講述中會有助於大眾理解，但遺憾的是，我們卻無法將「秦漢時的鄉鎮領導」這樣的研究題目與學術範疇建立關聯。

上述情況也需要本研究加以借鑒，我們認爲，在建築歷史研究的範疇內，與其將古代的「聚落」概念偷換至當下的「settlement」範圍，以試圖無限將村落民居等研究輾轉擴大至古代城市的範圍，反倒不如直接從古代城市入手展開探討更爲準確直接。這也堅定了本研究選擇以明代北邊衛所城市爲主要研究目標的決心。

〔註18〕欽定四庫全書，史部，正史類，前漢書，卷二十九。
〔註19〕欽定四庫全書，史部，政書類，通制之屬，欽定續文獻通考，卷一百二十八。

1.2　研究範圍與視角

1.2.1　明代北邊的研究對象範圍

1.2.1.1　對明代的界定：研究對象的時間範圍

　　本研究提到的明代概念，主要針對的是傳統明代，即 1368～1644 年，不包括清初的南明政權在內。就北邊衛所城市的發展進程而言，最早的都司衛所建置時間大致在明洪武二年（1369）至洪武三年（1370）；而絕大多數衛所城市不晚於嘉靖年間（1522～1566 年）便已建置完畢；其後，由於隆慶和議與北方的俺答等主要部族建立了相對和平關係，北邊衛所城市基本沒有更多的發展動作，甚至大量衛所逐步衰落，只是零星微調還可在萬曆年間（1573～1620 年）偶見。

　　至明末建州女眞（後金）在遼東崛起，進而攻略中原，北方衛所已大量基本崩壞，阻擋入侵的效果非常微弱，本研究亦不進行討論。因此，本研究主要聚焦於明代北邊衛所城市的發展定形期（洪武、永樂二朝）至全盛期（嘉靖、隆慶、萬曆三朝）之間，期間北邊衛所城市從初步創設到逐步形成網絡，並成爲北邊城市防禦體系的骨幹。

　　經過有關文獻調研，可知對明代此時段相關城市狀況的文獻記載也相對較豐富。當然，鑒於古代城市建設具有一定的延續性和繼承性以及建築具有一定耐久時間，根據現存相關史料的留存情況，本研究也大量參用了後代史料推析這個時期的歷史事實，如清代刊行的地方志就可能存有大量關於前明城市建築的記述。

表 1.2.1　明帝世系與北邊衛所城市發展分期

姓　名	廟　號	年　　　號	代表性事件	北邊衛所城市發展
朱元璋	太祖	洪武（1368～1398 年）	進軍北方	創制摸索
朱允炆	惠宗	建文（1399～1402 年）	「靖難」之役	
朱棣	成祖	永樂（1403～1424 年）	棄守大寧、開平	收縮邊防
朱高熾	仁宗	洪熙（1424～1425 年）		
朱瞻基	宣宗	宣德（1426～1435 年）	「仁宣之治」	結構調整
朱祁鎮	英宗	正統（1436～1449 年），天順（1457～1464 年）	「土木之變」	補充發展

朱祁鈺	代宗	景泰（1450～1457 年）		
朱見深	憲宗	成化（1465～1487 年）	放棄河套	二次調整
朱祐樘	孝宗	弘治（1488～1505 年）		
朱厚照	武宗	正德（1506～1521 年）		
朱厚熜	世宗	嘉靖（1522～1566 年）	「庚戌之變」	充實完善
朱載垕	穆宗	隆慶（1567～1572 年）	「隆慶和議」	鞏固提高
朱翊鈞	神宗	萬曆（1573～1620 年）	萬曆「三大征」	逐漸衰落
朱常洛	光宗	泰昌（1620～1621 年）		
朱由校	熹宗	天啓（1621～1627 年）		
朱由檢	思宗	崇禎（1628～1644 年）		

此外關於時間範圍還有兩方面內容需要說明。

其一，由於明代的疆土邊界在明代中前期是有較複雜變動的，本文主要是選取明代中期以後穩定的北方邊界範圍（即傳統的基本以明長城爲標誌的北部邊境線）來限定研究對象。例如，明初囊括治下的開平、大寧等故地均不在本文的討論之列。

其二，鑒於有關城市建築實例以及相關制度等在明代二百餘年間也會有所變化和發展，如城垣的更築拓展、建築的拆改擴建等等，本研究檢視此類明確的前後差異記載時，總體持「後出從優」的觀點。這樣有利於更多地汲取明人對相關制度的或修正或揚棄的態度。

1.2.1.2　對北邊的分區：研究對象的空間範圍

明初開拓的廣大疆土使得北部邊界更加漫長，最盛之時，東起外興安嶺的努爾干都司（羈縻），中段依託陰山山脈，西至阿爾泰山南麓的哈密衛，呈彎月形邊界線環抱著遼廣的北部邊境地區。但是強悍的故元相關勢力一直是明代北邊的最大威脅。

永樂年間以後，大寧、開平等多個戰略要點的撤守，造成明代北邊的防禦形勢急轉直下，邊界逐步後退，直至今天可見的明長城沿線才穩定下來。其後，這樣的北邊局面基本長期維持。儘管如此，由於總體防禦縱深較小，邊界防禦形勢一直相當緊迫。

> 廢東勝，則大同寧夏不爲援；廢大寧，則遼東宣府不爲援；以
> 榆林援大同寧夏，則偏頭關、花馬池等處所以孤弱；以諾延三衛代

　　大寧，則喜峰、古北口、黃花鎮等處所以單薄。〔註20〕

　　本研究關注的北邊範圍，總體上就是與明長城（邊牆）基本平行分佈的衛所城市帶，並且總體較爲密集並與周邊其他城市等共同構成了北邊城市防禦體系。實際上，龐大的防禦體系從建設的角度而言不僅包含長城、烽燧等直接臨邊防禦設施，其實更重要的則應是邊地軍隊屯戍活動所依託的城市防禦體系（衛所城市爲其骨幹）。從這個城市地帶的地域分佈範圍來看，東起遼東鴨綠江，西至肅州嘉峪關，而以京師（北京）爲中樞。

圖 1.2.1　宣德八年（1433）時明北部邊界範圍

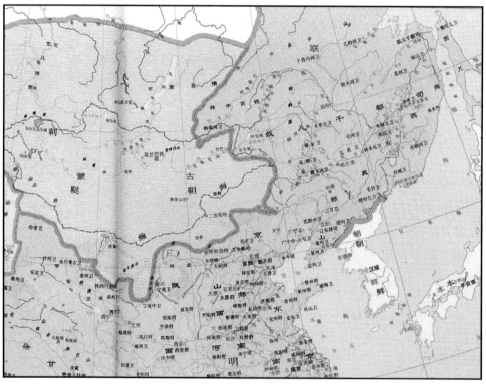

（資料來源：《中國歷史地圖集》）

〔註20〕欽定四庫全書，子部，雜家類，雜說之屬，春明夢餘錄，卷四十三。

圖 1.2.2　萬曆十年（1582）時明北部邊界範圍

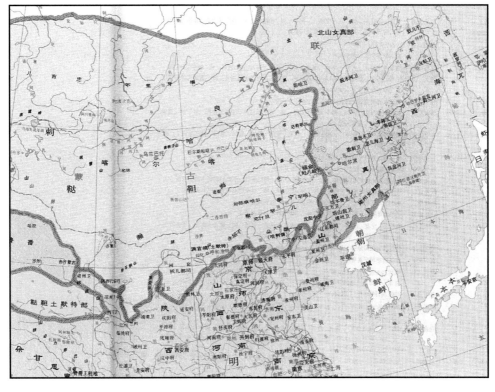

（資料來源：《中國歷史地圖集》）

此外，與北邊範圍界定有關的制度參照系統還有以下幾個：

（1）都司系統

沿著北方邊界線，明王朝共建置 8 個控制邊境的獨立軍事屯戌區——都指揮使司（都司）或行都指揮使司（行都司），占全國總數的近一半，由東至西依次爲遼東都司、北平都司（後改直隸）、大寧都司、萬全都司、山西行都司、山西都司、陝西都司、陝西行都司。絕大部分北邊衛、所都在以上各都司統轄之下。

> 明初，置各行省行都督府，設官如都督府。又置各都衛指揮使司。……（洪武）八年十月詔各都衛並改爲都指揮使司，凡改設都司十有三，燕山都衛爲北平都司，西安都衛爲陝西都司，太原都衛爲山西都司……，定邊都衛爲遼東都司，行都司三，西安行都衛爲陝西行都司，大同都衛爲山西行都司，……後以北平都司爲北平行

都司。永樂元年改為大寧都司。宣德中，增置萬全都司。計天下都
司凡十有六（筆者按：其中在本研究討論範圍中的有遼東、大寧、
萬全、陝西、山西及北平六都司）。……計天下行都司凡五（按：其
中在本研究討論範圍中的有陝西和山西二行都司）。」〔註21〕

從整體上來看，明代都司及其衛所雖然是一個由世襲武官統轄為主的較
為獨立的軍事管理系統，但是，都司制度與地方治理關係較緊密，都司衛所
執掌一方之軍政，在地方政事關係上，與相關的承宣布政使司（簡稱布政
司）、提刑按察使司（簡稱按察司）及各自下屬的分司，合稱「三司」，分掌
各地的軍政、民政、刑獄。

北邊都司衛所系統沿著邊境線建置鞏固的衛所城市，或直接臨邊，或作
為依託，或作為北邊防線的淺縱深地域，自成相對獨立的系統，並且從開始
建置便充分考慮了所在地區的軍事地理格局，並與所在地方的城市鄉村治理
關係緊密。

就北邊衛所隸屬關係來說，結合五軍都督府對各都司衛所的統轄關係可
分為如下四個地區：第一，京師以東至邊境東端的遼東地區所轄衛所均對應
遼東都司，屬左軍都督府；第二，京師附近的順天府、永平府、保定府地區
所轄沿邊衛所分別對應北平都司（後直隸後軍都督府）和大寧都司，均屬後
軍都督府；第三，京師以西的宣府、大同、山西三關地區所轄衛所各自對應
萬全都司、山西行都司、山西都司，均屬後軍都督府；第四，至邊境西端的
陝西三邊地區所轄衛所對應陝西都司、陝西行都司，又均屬右軍都督府。

這樣的地區劃分體系清晰，本研究後面分地區討論有關北邊衛所城市建
築的情況就主要參照這樣的四個空間範圍加以劃分。

（2）九邊系統

「九邊」也被稱為「九鎮」，是特指明代在北部邊境地區內逐漸建立的，
常見分為 9 個地區（不同時期差別較大）的軍事重鎮及其所轄地域。一般認
為，九邊諸鎮沿著北邊自東而西依次為：遼東鎮、薊州鎮、宣府鎮、大同鎮、
山西鎮（也稱三關鎮、太原鎮）、延綏鎮（也稱榆林鎮）、寧夏鎮、甘肅鎮與
固原鎮。

其邊陲要地稱重鎮者凡九：曰遼東，曰薊州，曰宣府，曰大同，

〔註21〕《明史》明史・志第五十二，職官五。

曰榆林，曰寧夏，曰甘肅，曰太原，曰固原。皆分統衛所關堡，環
列兵戎。綱維布置，可謂深且固矣。〔註22〕

　　明初在確立北邊各都司衛所後，逢有敵進犯便以敕命派都督府高官或
公、侯、伯等出任總兵官，根據當時邊境敵情和主要防禦方向，統轄範圍包
含數衛或數都司不等，還可能包括各種非衛所建制軍兵，事後還任，因此存
在眾多的不確定性。

表 1.2.2　本文研究分章關係與北邊衛所地區劃分、都督府都司統轄及各邊鎮劃分關係

	左軍都督府	後軍都督府				右軍都督府			
本文有關研究分章	第二章	第三章	第四章			第五章			
都司劃分	遼東都司	北平都司（後直隸）、大寧都司	萬全都司	山西行都司	山西都司	陝西都司			陝西行都司
地區劃分	遼東地區	順天府、永平府、保定地區	宣府地區	大同地區	山西三關	陝西各邊地區			
許論《九邊圖論》（1538 年）	遼東	薊州	宣府	大同（三關內附）		榆林	寧夏	固原	甘肅
魏煥《皇明九邊考》（1542 年）	遼東	薊州	宣府	大同	三關	榆林	寧夏	固原	甘肅
兵部《九邊圖說》（1569 年）	遼東	薊	宣府	大同	山西	延綏	寧夏	固原	甘肅
鄭大郁《經國雄略》（1569 年）	遼東	薊州、密雲、昌平、永平、易州	宣府	大同	山西	延綏	寧夏	固原	甘肅
茅元儀《武備志》（1621）	遼東	薊州、昌平、保定、密雲、永平、易州、井陘	宣府	大同	山西	延綏	寧夏	固原	甘肅
張廷玉《明史·兵志》（1739 年）	遼東	薊州	宣府	大同	太原	延綏	寧夏	固原	甘肅
張廷玉《明史·地理志》（1739 年）	遼東	薊州	宣府	大同	太原	延綏	寧夏	固原	甘肅

〔註22〕《明史》卷四十·志第十六，地理一。

　　儘管派往邊地備禦的總兵官後來逐漸固定化，並往往冠以鎮守的名義。總兵官治下的複雜體制內包含的大小軍職官員還有副總兵、參將、游擊、守備、把總等等流官，與衛所世官有所不同（可兼任流官）。由於總兵官由中央派出職權較高，而各都司的最高首長都指揮使作爲地方長官，很多時候實際成爲總兵的下屬。

> 天下衛所乃明朝蓄兵養馬武備軍政也，無事則耕，有事則戰，其衛所官長皆以指揮使、千百戶爲之，而統於京師之五軍都督府，五軍都督府同知、僉事皆以公、侯、伯爲之，如有征討則設掛印總兵，用文臣參贊，調取各衛兵馬，事平各歸本衛，所法至善也。迨其後，天下多事，乃以衛所之軍爲不足用，而召募民間之驍悍者以爲兵。〔註23〕

圖1.2.3　明代九邊軍鎮地域分佈圖

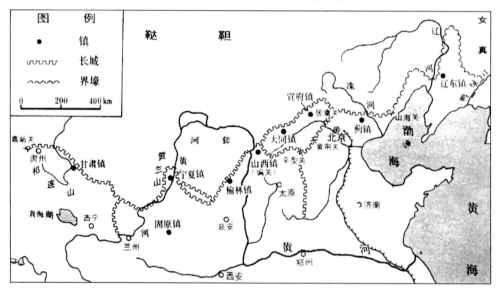

（資料來源：長城文化網）

　　雖然 8 都司與九邊所統轄的區域在沿邊地帶有重合之處，但總的來說，都司、衛所以各自衛所城市爲核心的建置，往往只是總兵麾下各種非固定軍兵和交錯管轄範圍中的一部分。

> 凡天下要害地方，皆設官統兵鎮戍。其總鎮一方者，曰鎮守。

〔註23〕欽定四庫全書，集部，別集類，清代，兼濟堂文集，卷十四。

守一路者，日分守。獨守一堡一城者，日守備。與主將同守一城者，日協守。又有提督、提調、巡視、備禦、領班、備倭等名。各因事異職焉。其總鎮，或掛將軍印，或不掛印，皆日總兵。次日副總兵。又次日參將。又次日游擊將軍。舊於公、侯、伯、都督、指揮等官內推舉充任。〔註24〕

依照總兵鎮守邊鎮的方式來分區具有很大的前後變動和不確定內容，就明代北邊城市防禦體系而言，與其依照總兵所統轄的邊境地區全部軍力分佈來分割自成建制體系的北邊衛所城市，反倒不如直接用各衛所的都司隸屬關係結合其所在軍事地理分區來劃分研究範圍。

（3）總督巡撫系統

到明代中後期，北邊的都、布、按「三司」系統均統歸欽差總督、巡撫節制。總兵官變成鎮守地方的軍事統帥後，在面臨更大規模軍務時，朝廷又派都察院大員（御史等）到各鎮（或省）巡撫，總兵官亦須聽其調遣，事畢覆命。後來巡撫也逐漸成固定駐於各地（多駐九邊軍鎮鎮城或省城）。到正統末至景泰初年，在涉及數鎮或數省的大規模用兵地區，中央又派六部重臣總督（或稱提督、總制、總理）軍務，有關巡撫也歸其統轄，以集中提調防軍。至明代中後期，北邊地區基本穩定的總督轄區從東至西劃分爲了薊遼、宣大山西三關、陝西三邊這三大塊區域，這樣的劃分方式可能是基於戰略地理形勢爲就近應援等要求，也可能考慮到了原有都司衛所隸屬於左、後、右軍都督府的建制不同，這也爲本文在後面參照劃分研究地區並建立研究框架提供了一定的支持。

於遼東、宣府、大同、延綏建立四鎮後，於薊州、甘肅、寧夏分佈三鎮列聖相承，又以山西巡撫統三關，陝西巡撫統固原，共爲九邊。然又合薊遼，合宣大，合寧、固、莊、肅爲三大總督，沿邊屯聚兵馬，修築牆堡，設立烽堠，所以防北邊者亦何備哉〔註25〕

北邊有戎警，則設總制大臣，或都御史，或尚書侍郎兼憲職。自巡撫以下，皆稟受節度。東路宣府、大同一員；西路陝西、延綏、寧夏、甘肅一員。蓋黃河自金城出中國，經戎地東行，南入中國。在大同西界偏頭、河曲、延綏，東界府谷、神木之間。故西路有警，

〔註24〕欽定四庫全書，史部，政書類，通制之屬，明會典，卷一百二十六。
〔註25〕欽定四庫全書，子部，類書類，圖書編，卷四十三。

則宣、大遊兵駐河東濱；東路有警，則延、寧遊兵駐河西濱。戎入
套，則西路之警，出套則東路之警。西路總制治固原，在延綏、涼、
洮之中。東路則往來於宣、大。嘉靖中，改總制爲總督。〔註26〕

　　某種程度上，也可以將總督巡撫軍系統視作是爲了更大程度地調動當地
各方面軍民力量鞏固邊防的軍政組織方式，其處置軍國大事的方式和考慮因
素變得更加複雜，以此系統來選擇審視或劃分剝離出可展開研究的城市體系
則更爲複雜。總體來說，明代北邊軍政的核心都是鞏固穩定邊防，抵禦外來
侵略，並結爲一個完固的整體。無論上述哪一種分地司守的制度參照系統，
落實在北邊地區的最基礎結構體都應當是衛所城市體系。

　　此外還有一點需要說明，因明代天下俱設立都司衛所，而本文關注的北
邊衛所，其「北邊」所指主要是北部邊境的沿邊，考慮到此「沿邊」特徵，
所以在後面的有關討論中，具體到衛所建置的城市，如果確實距離北邊較遠，
不論其實際規模大小，均不予關注，例如太原、西安等北邊都司衛所建置城
市，距邊近千里，亦不在本研究關注的北邊之列。

　　在本文第 1 章「緒論」之後，具體按地區討論衛所城市平面形態的第 2、
3、4、5 章的劃分依據，就是分別從四個大的軍事地理區域（遼東地區；順天、
永平、保定地區；宣府、大同、山西三邊地區；陝西各邊地區）來入手考察
的，進而進行各地區的地域性討論。在此基礎上，在最後一章（第 9 章）用
一部分篇幅從整體上給以基本結論。

　　這樣的分區依據，還包括地緣關係、軍政隸屬關係、地理條件接近程度
等一致性，以及各地區包含衛所城市數量的大致均衡。

1.2.2　北邊衛所城市的類型特徵

　　在明代 1368 年開國前後，衛所制度開始施行，「明太祖即皇帝位後，劉
基奏立軍衛法」〔註 27〕。衛所分佈遍及全國，也在某種程度上反映了當時各
地建置衛所的整體性和體系性特徵，並且全國衛所的分佈總體，具備適應軍
事地理格局的意義。其基本行政結構爲：都司（行都司）──衛指揮使司（軍
民指揮使司及直轄都司的守禦千戶所）──千戶所。〔註 28〕

〔註26〕《今言》卷二・一百六十。
〔註27〕《明史》卷一百二十八，列傳第十六・劉基。
〔註28〕在本研究裏基本未考察與都司大致接近的留守司、與衛接近的王府護衛、以
　　　　及與千戶所接近的軍民所、王府儀衛司、群牧所、屯田所等。

本文之所以在北邊複雜的城市防禦體系中選取衛所城市作爲具體研究對象，是基於其以下類型特徵加以考慮的。

1.2.2.1 衛所與城市的密切聯繫

衛所制度的特點是平時把軍力分駐在各地方從事屯田生產勞動，並保持戰備訓練，戰時命將出師，將不專軍，軍不私將，軍力全屬於國家。

> 遇有事徵調則分統於諸將，無事則散還各衛管軍官員，不許擅自調用，操練撫綏務在得宜。〔註29〕

衛所制及世襲軍戶相關制度的實行也是在明初國力有限、百廢待舉情況下的必然選擇，只有這樣才能實現保有大規模常備軍，其中既有寓軍於民的色彩，也有軍隊自力更生的本質，這也是衛所軍兵與所駐城市關係密切的原因。

> 後洪武二十一年九月敕天下衛所屯田，歲得糧五百餘萬石，二十五年二月詔天下衛所軍以十之七屯田，蓋初制在外兵馬盡是屯軍，官俸兵糧皆於是出，帝嘗曰：吾養兵百萬，要不費百姓一粒米。〔註30〕

這也是明末大批衛所崩潰後，軍戶很快轉化當地普通居民的原因。

就當代對「城市」的定義而言，明代衛所的建置之處都是比較典型的城市。這是由於明代衛所的居民主體——軍戶及其餘丁、家屬，所從事的職業是典型的非農業產業，並且這些非農業人口集聚在衛所城市裏，主要依靠國家供應生活。同一個衛所城市中也可能包含有若干個衛、所。

以設置衛所爲特徵的衛所城市體系是整個北邊防禦體系的最基本骨架。明統治者最初的制度設計和城市建設主要考慮到各地布政使司等行政領域與都指揮使司等軍事領域各自獨立，不久便有所變化，由於大量沿邊州縣因形勢所迫而裁撤，居民歸附內地，代之以衛所屯戍其地（或根據防禦戰略形勢新建城市），則導致衛所併非附郭於府州縣等行政區劃，而是直管實土。

根據各衛所的管轄土地、控制人口等情況，已有學者將明代的衛所城市分爲非實土衛所城市（設置衛、所治於既有的府、州、縣城市）和實土衛所城市（爲建置衛、所治而新建的軍事城市），這樣的分類在北邊地區也是適用的。而實土衛所城市與非實土衛所城市的居民主體是有一定差異的。

〔註29〕《明太祖實錄》卷之九十二，洪武七年八月甲午朔。
〔註30〕欽定四庫全書，史部，政書類，通制之屬，欽定續文獻通考，卷一百二十二。

　　第一，實土（獨立）衛所城市。這是指獨立設置的衛城和所城，這些城市往往建置於沿邊居民聚居範圍以外的戰略要地。城市的主要公署基本上都是各級軍事建制單位（軍政公署）。在北邊設立衛所率兵耕戰，同時管理，不僅自給自足，由於城市的居民主體是衛所軍士及其軍戶人員，就不重複設置地方行政機構增加邊民的負擔，「凡治軍之政，必聽於衛。」〔註31〕

　　第二，非實土（附郭）衛所城市。衛所附屬或寄居在一般地方府、州、縣城市中，這樣，城市中的主要公署就包括地方行政機構（民政公署），也有軍事建制單位（軍政公署），分別管理城市中的普通居民和衛所所轄人員。

　　在本研究所關注的北邊地區衛所隸屬的各都司中，遼東、陝西行都司所轄全是實土衛所，其餘都是兼有實土和非實土衛所。

　　就北邊衛所城市的戰略地位而言，其每座城市本身未必都是邊境線上的「極衝」之地，但因明初城市選址建城時便確立了其所在城市體系中的地位並且具有相當的守備兵力，又是以保衛家園的衛所軍士爲主，往往堅如磐石，成爲了周邊城堡防禦體系的核心支撐點。以嘉靖三十六年的大同右衛長期圍城戰爲例，半年多時間裏，「虜圍困左、右、威、平四衛日急。歲且盡，虜至滋衆，道路梗塞，烽火斷絕」〔註32〕，儘管周邊數十城堡被蒙古俺答所部攻毀，但右衛城孤陷數萬敵軍的重圍之中，持續堅守屹立不摧就是明證。

　　　　禮部尚書崔亮等言：在外文武官，凡遇正旦冬至慶賀行禮，以本處指揮司官爲班首，如指揮司止有副使、僉事守禦者，職皆四品，而按察使、知府皆三品，其秩雖高，而指揮副使、僉事統制軍民，守鎮一方，合居左；按察使、知府居右，仍以武官爲班首，如千戶守禦其品秩在知府同知之下，宜以知府同知爲班首，如無知府同知，則以千戶爲班首，其府通判及知州與千戶品秩等者，則以千戶居左爲班首。從之。〔註33〕

　　即使在非實土衛所城市中，衛所軍職官員也比同品秩州縣官員的地位高。因此，我們有理由相信，就置衛所這一共性而言，非實土衛所城市在某種意義上與實土衛所城市的接近程度。這也是我們將實土衛所城市與非實土衛所城市一同考慮的重要原因。

〔註31〕《罪惟錄》志卷之二十七‧定制武職。
〔註32〕《明世宗實錄》卷四五七。
〔註33〕《明太祖實錄》卷之五十四，洪武三年秋七月丁亥朔。

在界定本研究範圍中的非實土衛所城市的時候，我們也在此基礎上作出一些刪減，將實際上臨邊較遠（相對次要防衛意義）的城市，或是傳統意義認為居於內地的城市不列入本文的討論之列。

衛所城市中，守城以外的軍士都要屯田給軍食，節省轉輸，以求自給自足，而且達到一定規模。「一鎮之兵足守一鎮之地，一軍之田足瞻一軍之用，衛所、屯田，蓋相表裏者也。」〔註34〕

在永樂二年，還規定天下衛所軍士必須屯田，「視其地之夷險要僻，以量人之屯守多寡。臨邊而險要者，則守多於屯；在內而夷僻者，則屯多於守。地雖險要，而運輸難至者亦屯多於守」〔註35〕。在一般地區常見為七分屯種，三分守城，北邊衛所城市大多為一半屯田，一半守城。

> 明以武功定天下，革元舊制，自京師達於郡縣，皆立衛所。外統之都司，內統於五軍都督府，而上十二衛為天子親軍者不與焉。征伐則命將充總兵官，調衛所軍領之，既旋則將上所佩印，官軍各回衛所。蓋得唐府兵遺意。〔註36〕

這時，屯種的衛所軍即為農業生產，而守城軍應為非農業生產為基礎的生活方式。這是衛所城市的產業經濟特點。

1.2.2.3　衛所城市與城堡區別

關於明代北部邊境地區範圍內的城市，常見的一種等級劃分方法為：鎮城（置總兵等）——路城（置參將等）——堡城（置守備、操守等），這種劃分方法是依據當時各鎮分區協防的軍事指揮和隸屬關係確定的。實際上，由於邊備形勢不同，屯兵營寨的城堡作為「用武之地」，其建置大多因時具有變動性和非穩定性，興廢不常，文獻記載詳略不一，我們難以用一貫的標準加以考察。另外，這樣的純軍事防禦城堡大部分依賴後方供給（關餉），總體上屬於軍事消費性城市，與衛所城市屯田鞏固邊疆「且耕且戰」的農業生產性質有較大差距（至少在農業生活的必要性和長期性上有差異）。因此，就一般城市研究所關注的生產屬性而言，明代衛所城市更接近於當時的普通城市。同時，衛所城市也具備相當的城市規模，從創設和運轉都是北邊防禦體系的骨幹。

〔註34〕黃宗羲《明夷待訪錄》兵制。
〔註35〕欽定四庫全書，史部，政書類，通制之屬，欽定續文獻通考，卷一百二十二。
〔註36〕《明史》卷八十九，志第六十五，兵一。

　　明代北方邊鎮由官軍鎮守的規模接近於衛所城市的城堡有很多，除了總兵鎮守的鎮城以外，還有路城、營城、堡城等，有一些城堡從規模上來講甚至可能還超過了部分衛所城市，但這樣的純軍事城堡的設置基礎完全是以遂行軍事防禦任務，居民主要是各種來源的軍兵，由於軍事戍守職能緊要，生產聚居職能較弱，嚴格來講他們是純粹的營壘，而非城市。這些純軍事性質的城堡極大地補充和豐富了北邊城市防禦體系。

　　在某一個時期裏，這些城堡關乎相應區域的防禦全域，而防衛形勢變化之時一旦撤守，或此要衝之處的城堡失去原有戰略意義，則會馬上被廢棄。此外，由於當時對應邊防形勢調整軍隊部署，正兵以外還有較大數量的遊兵、奇兵，或臨時築城設營，或在較小城堡流動防邊。也常見某座小城堡應邊備形勢需要而成為路城，總轄此路各大小城堡甚至衛所城市，因此，對城堡的規模等級很難探尋一定的規律性。

　　另外，由於這些城堡往往地鄰極衝，城堡的備禦職能相當強，而其屯田生產情況則大多不能和衛所城市相比，而且由於這些城堡軍兵流動性較大且帶眷生活困難，對屯種收穫的依賴遠小於原設衛所中的軍戶。同時，城堡軍兵相當大部分是由周邊以外的都司衛所的班軍輪番更戍，由於是短期駐防，其生產性的真正聚居生活微不足道，到了明代中期以後，軍戶逃亡眾多，衛所城市以外的大批城堡的旗軍削減殆盡，因此這些城堡或為募兵充任，更多地是靠軍政撥餉生活。與之相比，只要衛所不遷走，北邊衛所城市迄一建成便長久地存留並發揮作用。

　　正是由於這個原因，也就造成北邊大多數非衛所城堡充其量是一種專以軍事職能的非生產性城市，或可稱為純消費性城市，也許其中保持有一定數量的世襲旗軍，但其數量和生產能力完全達不到衛所城市的規模，而且其與衛所城市較完備的城市職能也是差異極大的。到了明代中後期，由於軍政民政合一的實土衛所城市治下軍戶軍餘等定居人口漸趨穩定，生產生活情況累積固定，城市建設漸趨完備，實土衛所城市無論從城市面貌、城市職能、城市結構等均已與非實土衛所（府、州、縣）城市的差距縮小，甚至基本趨同了。因此其中的相當部分才可能在清代成為縣城（當然亦有少量城堡轉化為縣城和大的集鎮，原因不一）。

　　衛所城市在明代被衛所軍士親切地稱為「老家」，這也反映了軍士生長所自的衛所城市與聽命駐紮的軍事城堡的差別。衛所城市相比其他路、營、堡

等軍事性質的城堡要長期穩定，較少有應事臨時性；相比無衛所的州縣城市，衛所城市有較大規模的軍力和屯田。

在明代，臨邊其他城堡設廢不迭，抽調頻繁。經常出現局部邊境經歷多年平靜之後，相關城堡基本處於僅有少量人員留守的半空置狀態，邊牆等防禦設施以及屯田都逐漸荒廢，甚至有些城堡隨著總體防禦戰略意圖變化，而屢建屢廢。從這個意義上來說，這樣純軍事輪戍駐紮的城堡，沒有固定的生活基礎，儘管達到一定的城池規模，但其非固定狀態與衛所城市差別很大。

從城堡來入手考察明代北邊有極大的對象不確定性和系統變動性。相比北邊各鎮統轄劃分城堡一直處於變動之中，各都司衛所的隸屬關係反而相當牢固。總體上來看，明代絕大多數北邊衛所城市在明中期完善之後就很少有大的變化，而且衛所城市體系的骨幹性尤為突出。因此，對衛所城市的探討也為我們深入北邊城市防禦體系提供了一個絕佳的切入點。

儘管衛所間的官兵交流也很頻繁，例如洪武九年，朱元璋就「命北平山西都指揮使司悉送屬衛總旗從軍歲久者赴京錄用，於是得魯福等一百八十五人，以為金吾等衛所百戶鎮撫。」〔註37〕駐防軍兵有變動，但衛所基本穩定。

就班軍制度來說。永樂年間即有從各地衛所開赴京師輪班操備班軍，「班軍者衛所之軍番上京師，總為三大營者也。初，永樂十三年詔邊將及河南、山東、山西、陝西各都司，中都留守司，江南、北諸衛官，簡所部卒赴北京，以俟臨閱。京操自此始。」〔註38〕大約同時，也出現了開赴邊地輪班操備的班軍，「永樂間，始命內地軍番戍，謂之邊班。」〔註39〕又有正統十四年，班軍開赴北邊協助衛所旗軍戍守要地的記載，「甲子，修省，詔河南、山西班軍番休者盡赴大同、宣府。」〔註40〕根據邊患緩急，不僅北邊衛所可能有內地衛所的班軍前來協助輪番戍守，北邊衛所軍士也可能作為班軍奔赴別地駐防守禦，但是衛所城市基本穩定，即使有部分軍力入衛他地，但其生活基礎和總戶口規模較少變化，而且事畢基本都要回本衛所歸建。

在北邊防禦體系中，有明一代始終能保持最為穩定的城市狀態的只有衛所城市，在中央集權下其建設情況直接受明統治者的指導，如洪武十六年，「詔

〔註37〕《明太祖實錄》卷之一百一十，洪武九年冬十月辛亥朔。
〔註38〕明史‧卷九十‧志第六十六‧兵二衛所班軍。
〔註39〕明史‧卷九十一‧志第六十七‧兵三。
〔註40〕明史‧卷一十‧本紀第十‧英宗前紀。

各都司上衛所城池水陸地里圖」〔註41〕。

　　　　凡天下都司並衛所城池、軍馬數目必合周知，或遇所司移文修
築，須要奏聞差人相度，准令守禦軍士或所在民人築造，然後施行。
〔註42〕

圖1.2.4 明代北邊衛所建置年代與數量

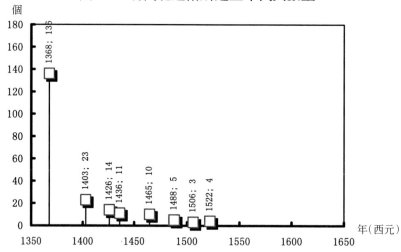

（資料來源：根據各章統計數自繪）

　　由於明代中後期衛所屯政敗壞，軍士大量逃散，衛所旗軍作爲主兵在整
個北邊防地中的作用發揮受到極大的影響，甚至戰鬥力還不及各地前來操備
的客兵（班軍）或募兵，這是後話。

　　另外，我們認爲，若城市僅置直隸都司的守禦千戶所而不設衛，往往是
由於此城市的規模或戰略意義相對較小；而僅置隸衛的千戶所於獨立城市，
則多半是爲了配合衛所在城市的防禦任務，爲控馭緊要之地而建置。儘管衛
轄守禦千戶所與獨立守禦千戶所在隸屬關係上有一定差別，但就其所治城市
角度而言並無本質不同。因此，在我們後面對衛所城市的討論中，在各自的
等級規模的視角內往往更強調其聯繫性而不是級別關係，更爲關注衛所城市
自身的城池規模、駐軍數量等的規模關係，而非僅僅停留在都司級、衛級、
所級等職官比較範圍內。

〔註41〕欽定四庫全書，史部，正史類，明史，卷九十。
〔註42〕欽定四庫全書，史部，政書類，通制之屬，明會典，卷一百八。

此外，明代長期有數十個在京衛所作為天子親軍，以及由其衍生的各種營制的「京軍」、「京營」、「京衛」等依託京師建制，這樣的駐軍規模僅適用於都城。又由於北京（順天府城）雖然臨近北方邊地甚至就在北邊城市防禦體系之內，但一般其「京軍」與都司衛所體系的「邊軍」有較大區別，同時京師作為北邊衛所城市體系的最頂端，對北邊各地區衛所城市均無可比性，研究意義不明確。順天府城的京衛以及昌平地區守衛皇陵的陵衛都不在本研究的衛所城市之列，在此加以說明。還有長陵及其後各陵陵衛舊均為親軍衛，不屬五府，亦不在我們的討論之列。

1.2.3　城市平面形態的討論方向

按照前述四個研究地區的劃分，在對每個地區的衛所城市體系形成過程進行充分整理的基礎上，試圖從整體上描述明代各地區衛所城市的建城運動情況。更進一步，著重就以下四個方面的問題對這些城市的平面形態展開研究。

1.2.3.1　對城市分佈距離關係的討論

發展成熟的明代北邊衛所城市在相對完整的區域中，無論是在整個北邊還是局部地區，均形成為聯繫密切、相互依存的城市群。從系統角度來看，這是一個互相密切聯繫交流的完備城市體系，具有群體性、關聯性等特徵。

就衛所城市群的戰備防禦功能而言，需要形成一個軍力策應支持的系統；就其消費生產功能而言，則是一個物資供應流通的體系。衛所城市作為地方行政區劃，還需建立一個政令訊息傳遞的系統。在古代農業社會，以上各個系統的實現必定建立在相應區域內城市分佈有序的基礎之上，而且各個系統的正常運行對城市分佈距離均有極大的依賴性。本研究試圖按照所在地域來考察城市距離相關性，以討論明代北邊衛所城市體系的平面分佈狀況。

關於明代以來府（州）城之間的距離相關性，王貴祥先生通過全面的考察已經確認了此級別的重要城市間距大約在 300 里至 400 里之間，而以 350 里左右最為多見，並且認為這種現象從唐宋時期就已經開始，而在明代大規模建城運動中，這一現象得到了加強，並延續到了清代的城市格局中。

「環列府州，綱維布置」從根本上確定了明代府、州、縣三級城市的布局規則。圍繞一座府城，綱維環列地布置了次一級的州城與縣城。而這些府、州、縣城又與地區性的中心城市——布政使司

所在的府城之間，形成某種環列分佈與綱維布置的關係。因而，在
一個地區中，以及地區與地區之間府城的分佈距離，就變得十分重
要了。兩座府城之間應當有適度的距離，既有一定的區域分劃，又
有一定的地域關聯，在非常時期，還能夠起到相互呼應與支持的作
用。也就是說，基於歷代城市發展基礎之上的明代府城的分佈，奠
定了清代、近代及現代中國城市分佈的基本格局。〔註43〕

並且進一步指出，邊地的軍事城市的選址和設置位置，在很大程度上都
是當時的統治者或軍事指揮者人為設置的結果，「由這些較多地取決於人的
意志而確定的軍事性或臨時性的具有控扼、防衛、接觸性功能的城市間彼此
的距離來看，350里的距離確實是一個刻意設定的城市間距。而用這一間距
來設定彼此距離的方式，很可能從漢代就已經開始了。」〔註44〕通過考察
城市距離關係來討論明代北邊衛所城市體系的平面分佈狀況也是可以參照
的。

當然，由於歷史積澱的原因，一些由歷史形成的府（州）城，
與一般的距離相關規則可能沒有太多關係。另外，由於中國地域廣
大，地理地形極其複雜，理想的城市分佈原則幾乎是不可能實現
的，我們只能夠從城市間相互的線狀聯繫中去尋找其中可能存在的
奧秘。而若要找到彼此的聯繫，僅僅將所選城市限定在府城上，還
是有一定困難的，因為在某些地域的邊緣地區，在地域之間的銜接
部分，和一些軍事性、防禦性的邊塞要地，往往不足以設置一座府
城，而是通過一座獨立設置的州城，來起到某種鎖鑰性與聯絡性的
作用。〔註45〕

特別重要的是，王貴祥先生還通過清人杜知耕《數學鑰‧均輸》題解中
對古代車馬運輸以空車日行70里，重車（滿載）日行50里為標準來計算路
程的方式，基本確認了城市之間彼此往來和物資交換的導致了其間距的某種
規定性。

〔註43〕王貴祥，明代府（州）城分佈及350里距離相關性探究，中國建築史論彙刊
（第貳輯），北京：清華大學出版社，2009：187。
〔註44〕王貴祥，明代府（州）城分佈及350里距離相關性探究，中國建築史論彙刊
（第貳輯），北京：清華大學出版社，2009：212。
〔註45〕王貴祥，明代府（州）城分佈及350里距離相關性探究，中國建築史論彙刊
（第貳輯），北京：清華大學出版社，2009：187。

兩車日行里數相乘得三百五十里，是兩車行之齊數也（三百五
十里是七個五十里，亦五個七十里），乃輕車五日，重車七日所行之
里數，並兩車日行里數除之即得一日重往輕來之里數。〔註46〕

具體來說，50 至 70 里的城市距離可以實現一日內驛遞及人員、輜重到達，如果一座城市受到攻擊，需要支持策應，這個間距上的周邊城市派遣有力的兵力集團（重裝）盡速增援。這也為我們更進一步探討衛所城市的相關間距情況提供了重要的基準點。可以想見，「環列」的衛所城市作為北邊城市體系的基幹，對其進行以軍事應援為重點的綱維布置則是更具必然性的事情。筆者閱讀有關歷史文獻，也發現了一些可能具有規律性的明代城市距離關係，即明代驛傳體系在全國相當多的地區均是以 60 里左右為一驛。

置各處水馬驛站及遞運所急遞鋪，凡一站六十里或八十里，專
在遞送使客、飛報軍務、轉運軍需等物，應用馬、驢、釭、車、人
夫，必因地裏量宜設置，如衝要處或設馬八十疋、六十疋、三十疋；
其餘非衝要亦係經行道路或設馬二十疋、十疋、五疋。驢亦如之。
〔註47〕

丙戌置馬驛一十八，自岳州至辰州府，凡一千八十一里，以六
十里為一驛。〔註48〕

而且，60 里的驛遞距離可能是由來已久的「古法」，在明代已是普遍的認識。

諭水西烏撒烏蒙東川芒部沾益諸酋長曰：今遣人置郵驛通雲
南，宜率土人隨其疆界遠邇開築道路，其廣十丈準古法以六十里為
一驛，符至奉行。〔註49〕

當然，60 里左右應是個約略的驛遞間距標準，在不同地域有增益或減小，60 里至 80 里應均為常見，但最多不能超過 90 里，否則就需要增加新站接力驛傳。

戊午錦衣衛指揮宋忠還自蜀，言連雲棧松林馬道驛各九十里，
險遠不便。詔增置武關、清橋二驛。〔註50〕

〔註46〕欽定四庫全書，子部，天文算法類，算書之屬，數學鑰，卷五上之下。
〔註47〕《明太祖實錄》卷之二十九，洪武元年春正月壬申朔。
〔註48〕《明太祖實錄》卷之一百四十，洪武十四年十一月壬午朔。
〔註49〕《明太祖實錄》卷之一百四十二，洪武十五年二月辛亥朔。
〔註50〕《明太祖實錄》卷之二百三十八，洪武二十八年夏四月甲子朔。

不僅如此，由於 60 里左右可以作爲衡量軍隊每日行軍強度的指標，而被
用作城堡配置間距的確定基數。

> 丁巳遣前城門郎石璧往雲南，諭西平侯沐英等，自永寧至大理
> 每六十里設一堡，置軍屯田兼令往來遞送以代驛傳〔註51〕

> 其鞏華城軍士舊赴昌平州操練，往返五六十里，宜於本城外別
> 立教場以便操習。〔註52〕

在後面對衛所城市間距的考察中，我們依然可以看到不少 60 里左右的情
況出現。

> 乙亥巡撫大同贊理軍務都御史張文錦陳二事：「一言大同鎮城
> 東去陽和，西去右衛各一百二十里，中有聚落、高山驛，離鎮城各
> 六十里，占堡軍不及二百，正供遞送，胡虜出沒，爲耕旅害，故每
> 堡添按伏官軍五百名，糧費不貲。臣痛惜前弊，欲照各邊設所久鎮。
> 〔註53〕

本研究在後面的討論將通過圖示方法，彙集明清地方志中記載的當時城
市間距（路程），其中對以 60 里左右爲基數的衛所城市間距及分佈關係尤其
加以關注。

1.2.3.2　對城牆規模與城門數量的討論

前面提到，明代城市一般均建有完固的城池且城牆包磚，所謂「營城池
以爲固」。明代來華葡萄牙傳教士眼中的中國城市城池的概況是這樣的：

> 中國人總是把城市造在洶湧大河邊最堅固的地方，特別是利用
> 河道的拐彎處，使之成爲天然屏障，如果說城寬半里格（筆者注：
> 里格是葡萄牙古代的長度單位，1 里格相當於 5 公里），那麼就再造
> 半里格寬的城牆，以便一旦發生戰事，可以在城牆洞裏埋伏兵士。
> 所有的城市都有城牆，用石頭和石灰砌成，也有一些用堅實的磚塊
> 砌成，特別是大城市。〔註54〕

事實上，包括北邊衛所城市，城牆全面包磚往往是在明代中期以後。這

〔註51〕《明太祖實錄》卷之一百八十七，洪武二十年十一月丁丑朔。
〔註52〕《明世宗實錄》卷三百六十九，嘉靖三十年正月己丑朔。
〔註53〕《明世宗實錄》卷三十一，嘉靖二年九月戊辰朔。
〔註54〕費爾南‧門德斯‧平托著，王鎖英譯，葡萄牙人在華見聞錄，澳門文化司署
　　　　等，1998：11。

與城市的經濟條件有密切關係。明初北邊衛所城市的大部分城垣都是沙土所築，不夠堅固，遇雨水即有頹壞，作為城市的公共工程每年均需修整維護，勞民傷財。不晚於明宣宗朱瞻基時便已極力倡導磚包城牆，「凡事當圖永遠，況臨邊城垣必磚砌乃能久，雖一時勞人，豈不勝於屢壞屢修，但為之以漸，亦不甚勞。」〔註55〕工部等有司也逐漸盡力推行燒磚甃砌城牆。

因為非常耗費財力人工，所以磚包城牆的規模都是適度的，從這個角度來看，如果認為北邊衛所城市城牆均是按照最小規模建造的，那麼，這樣的城牆規模也必定與其基本防禦要求是對應的。

就北邊衛所城市的城牆來說，必須四面均築成同樣堅固的城垣，形成寬大而堅固的防禦正面，並以整個城市的一定軍力規模和堅守能力作為良好的依託，使敵人無法迂迴攻擊城市的翼側和背後，也不可能從旁輕鬆繞過。此時，這座城市本身在戰略上已經不僅是一個點，而且控制了其所在的一定區域。

關於城牆規模確定，可見諸《左傳》所云：「都城過百雉，國之害也。」或者可以說，要使城市達到一定規模，其中的一個標誌條件就是城牆周回長度超過「百雉」，即300丈（明代合1又2／3里）。之所以這樣的城市（城牆）規模有可能成為「國之害」，大概是說，如果設防城市的城牆達到這樣的較大規模，那麼此城市可以承擔的軍事職能及其防禦水平就甚為可觀，有可能成為在一定國土範圍內的戰略要點。

> 在近代的大炮傳入之前，中國的城牆幾乎是堅不可摧的。城牆的堅固性使通過挖掘或轟擊去攻破它的任何嘗試都難以奏效。城牆的高度在5至15米不等，儘管早在公元前四世紀就是用了雲梯，但攀登它還是很艱險的。一座堅固設防的城市經得起最大軍團的攻擊，中國的歷史記錄了許多著名攻城和英勇防禦的故事。突破一座城市的城牆被認為是十分費力的事情，就是攻下了，也很可能使進攻者的力量大大削弱，難以對付守軍有生力量的反攻。〔註56〕

關於城牆建置規模與城市守軍數量（軍力規模）的關係，遠在不晚於戰國時期，就已經被廣泛討論過。一般認為成書於戰國時代的《尉繚子》根據

〔註55〕《明宣宗實錄》卷之八十四，宣德六年冬十月壬辰朔。
〔註56〕章生道，城治的形態與結構研究，載〔美〕施堅雅，中華帝國晚期的城市，北京：中華書局，2000：85。

守城人數提出了基本的計算方法，即 1 丈需 10 人。那麼，城池 1000 丈規模就需要 10000 名守軍，而上述「百雉」的城市所對應守軍就有 3000 名。

> 夫守者，不失險者也。守法，城一丈十人守之，工食不與焉。
> 出者不守，守者不出，一而當十，十而當百，百而當千，千而當萬，
> 故爲城郭者，非特費於民聚土壤也。誠爲守也。千丈之城則萬人守
> 之，池深而廣，城堅而厚，士民備，薪食給，弩堅矢強，矛戟稱之，
> 此守法也。〔註57〕

而同在戰國時期的墨子也曾指出城牆規模與軍力規模的關係：「三里之城，萬家守之足矣」〔註58〕，按照漢以前 180 丈爲一里，即 540 丈的城池需要 10000 戶（家）居民，按照 1 戶出 1 兵來計算，大致爲 1 丈 20 人。儘管這與《尉繚子》的 1 丈需 10 人的標準有所差距，但這顯然不是巧合，反映的是冷兵器時代城市設防規模與防守兵力規模的對應關係。

> 墨子曰：凡不守者有五，城大人少，一不守也；城小人眾，二
> 不守也；人眾食寡，三不守也；市去城遠，四不守也；畜積在外，
> 富人在虛，五不守也。率萬家而城方三里。〔註59〕

由此可以推算，如果按照明代衛所一般制度，一個軍士對應一個軍戶，那麼，一個獨立千戶所的建置城市，假設有十分之一的軍士守城，那麼城牆規模就應當是大約周回 500 丈，即約 3 里。依照這樣的計算模式，本研究在後面對相關城市實例的考察中，會嘗試對其中某些可能合規律的情況加以說明。

關於北邊衛所城市的城門數量。

就城門的通行功能本身而言，城市的正城（不含關廂附城）城門數量與城牆的周回規模應具有較爲明確的正相關關係。

通常情況下，城門設置數量也會受到兩方面因素影響，其一是城市內外的溝通能力，這涉及城市正常的生產生活需要；其二與城池設防要求的封閉性有關。從總體上來看，這二者是此消彼長的，簡言之，如果城市的城門數量過多則會使其防禦能力有所下降，反之亦然。

對衛所城市來說，儘管按照其既定的防衛能力，需要保持一定的城市規

〔註57〕尉繚子・守權第六。
〔註58〕欽定四庫全書，子部，兵家類，武經總要，前集卷十二。
〔註59〕欽定四庫全書，子部，雜家類，雜學之屬，墨子，卷十五。

模，但是城門數量必定是受到一定制約的，並按照北邊衛所城市的規模綜合衡量確定。本研究也會結合實例對有關內容進行一定討論。通過城門數量與城牆周回長度的統計對比，試圖展示某種基於衛所城市防衛和日常生活職能的交通平衡關係。

1.2.3.3　對城市街道平面模式的考察

關於中國明清以來城市的街道網，已有歷史學者有所關注，其中，章生道先生進行了有益的具體探索，他將其歸納成了五種基本模式〔註 60〕，如下圖。

圖 1.2.5 城市街道模式

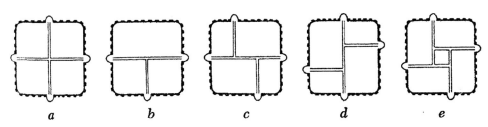

（資料來源：《中華帝國晚期的城市》）

儘管這些基本模式具有一定代表性，相當多的城市也基本可以納入這樣的分類體系，但其概括性不算理想。筆者根據對明代北邊衛所城市相關歷史文獻的研讀考察，嘗試根據城市規模和主乾道通路相互關係將其總結為以下五種新的模式：

第一，簡單型城市街道模式。簡稱「簡單型」模式，其特點是城牆所開城門較少，通往各城門的城內主要道路可能只有一兩條。這可能主要是小規模衛所城市的街道布置方式。

第二，十字街型（即 a 型）城市街道模式。簡稱「十字街」模式，其特點是城牆四面開門，通往各城門的城內主乾道路均在主要十字路口通達交匯。

第三，丁字街型（即 b 型）城市街道模式。簡稱「丁字街」模式，其特點是城牆有一面不開門，通往各城門的城內主乾道路形成丁字形路口交匯。

〔註 60〕章生道，城治的形態與結構研究，載〔美〕施堅雅，中華帝國晚期的城市，北京：中華書局，2000：105。

第四，錯位十字街型（包括 c 型與 d 型）城市街道模式。簡稱「錯位十字街」模式，其特點是城牆四面開門，通往各城門的城內主幹道路卻並未交匯於一個十字路口，而是分別交匯在兩個丁字路口

第五，複雜型城市街道模式。簡稱「複雜型」模式，由於較大規模的衛所城市城門較多，主要街道布置也就更為複雜，可以分解為以上模式中的幾種。

總體來看，儘管北邊衛所城市平面形態或有一定差異，但是街道平面模式所反映的交通方式大致可分為以上五種，變化較少。這也與適應衛所城市的典型軍事任務遂行職能要求吻合。

1.2.3.4　對城市主要建築分佈方位的考察

明代北邊衛所城市新築城池對相地選址和城市建築分佈方位是有所關注的。例如宣府有開平衛建置的獨石堡城，「獨石城堡今治開平衛，初陽武侯薛祿奏築城，遷衛於此，有僧慶西堂者，號精地理術，寔奉命相地，嘗云城中水泉枯時當有變，指東南角地以為必王侯可當此。」〔註61〕這種確定城市建築位置的「地理」方法大致應屬於傳統堪輿的一種，其中的詳細內容和方位雖然尚不非常清楚，但其在當時的應用範圍較為廣泛。

常見類似的還有巽位（東南方向）「文峰」之說，即在城市的東南方向築一高塔或高閣樓，稱為「文峰高峻」，或將學校布置在城市東南，以助本城的學生科甲題名。即城市中的某些主要建築的分佈方位存在某種人為預設，並不完全是隨機的。

> 自此而內，為朝市、曹司、邸第樓臣工；自此而外，為郊郭、
>
> 閭閻、田里居民農，誰其主此辨方位，爰有神莫。〔註62〕

當然，這其中是否具有科學性，本研究尚無力展開探討，但是，古人對城市建築分佈方位的某些關注確實是當時的一種社會文化現象，「法天地而行教化，辨方位而敘人倫」〔註63〕，這也是明代城市研究中不能忽視的一種城市建築的建成結果。本研究嘗試通過瞭解北邊城市實例的建成結果，對公署、壇壝、學校以及城隍廟等有關主要建築分佈方位的傾向程度（趨勢）加以考察總結。

〔註61〕欽定四庫全書，子部，小說家類，雜事之屬，水東日記，卷二。

〔註62〕《明英宗實錄》卷之一百六十，正統十二年十一月己丑朔。

〔註63〕欽定四庫全書，經部，禮類，通禮之屬，五禮通考，卷九。

1.2.4　主要建築規模的研究基點

對明代北邊衛所城市主要建築規模展開研究，有必要對以下兩個層次的基本情況有所明確：

1.2.4.1　明代城市主要建築類型

明太祖開基即施行了一系列昂揚民族精神、維護道統文化的大舉，其根本指向是掃除自宋以來漢民族的疲弊，復盛華夏、重振天聲。明代的典章制度皆取法於歷代遺規，截長補短，而成一代之制，甚至具體到很多城市建築的規制亦皆有所自，且取精用宏，可謂良善。

明代的建築等有關制度不僅上承前朝各代，行之有年；進而下開清代之規模，為其沿襲運用，鮮少改動。有史學家認為，「明初禮樂、兵刑、學校、薦舉諸政，多卓然立一代之制，非漢唐二祖之世所能及，沿及清世，職官職方科舉等制，仍皆襲用。」〔註64〕對建築規模製度的關注而言，與此「卓然」之制對應的壇壝、公署、學校顯然是需要我們重點加以考察的建築類型。

不僅如此，在我們的文獻調研和學史積累過程中，也對明代的社會文化狀況有所認識，所謂「公署嚴禦侮之威，書學校書院以重育賢」〔註65〕，歸納起來，修政教、興學校則是任何明代城市治理的基本要求。

> 莫若敦仁義，尚廉恥。守令則責其以農桑、學校為急，風憲則責其先教化、審法律，以平獄緩刑為急。如此，則德澤下流，求治之道庶幾得矣。〔註66〕

例如，成化年間，朝廷在貴州新開設程番府，有知府鄧廷瓚著手進行了最基本的城市建築設施建設，「至則悉心規畫，城郭、衢巷、學校、壇廟、廨舍，以次興建。」〔註67〕這其中除了基本的城市基礎設施以外，最不可或缺的建築即包括壇壝、學校和公署。因此，將這三個最重要的城市建築納入本研究的視野，也是符合歷史事實的。

1.2.4.2　有關史料的可把握程度

我們對北邊衛所城市主要建築的考察，之所以主要集中在公署、壇壝和學校這三個類型的規模考察，還有一個重要的原因是有關的明清地方志及其

〔註64〕繆鳳林，中國通史要略（第三冊），上海：商務印書館，1946：1。
〔註65〕欽定四庫全書，史部，地理類，總志之屬，明一統志，進明一統志表。
〔註66〕欽定四庫全書，史部，正史類，明史，卷一百三十九。
〔註67〕欽定四庫全書，史部，正史類，明史，卷一百七十二。

他史料中，普遍記載較爲詳細的就是這三者。這是因爲公署、壇壝和學校作爲最重要的城市建築類型，在明代得到了全社會由上至下的全面關注，有關規模製度可對應於建築的建成結果，描述較爲完善。

一方面，公署、壇壝和學校相關史料豐富，尤其對建築規模的記述最爲翔實，反映的是古人對其具有通識和定論，甚至形成了某種固定的世所共知的建築語言，對我們的建築歷史研究而言，對其展開的研究就容易達成一定的合規律性和科學性。例如，對於建築間數的描述，幾乎所有地方志等史料，均統一使用「楹」和「間」爲單位。

另一方面，公署、壇壝和學校作爲北邊衛所城市必有的建築類型，對其展開全面研究，可以最大限度地克服地域性差異，「有城郭焉，其所在山川各異，則規模亦殊；有公署焉，有學校焉，有廟社及壇宇焉，其所在方所雖異，而制度則同」〔註68〕。

例如，雖然在明代普遍有神論的社會裏，所有的城市裏最重要的建築類型還有各種庵觀寺院，以及大量的祠廟建築，而且，相關史料中對此的著墨也較多。但是，我們發現相關的神仙信仰地域性極爲鮮明，在明代橫亙萬里的北邊衛所城市分佈帶上，不同地區的差異和關注程度差別極大，因此，記載詳略也千差萬別，其規模形制的可把握程度較差。儘管祠廟是極爲重要的建築類型，在我們研究的空間範圍內卻難以進行全面的研究。

因此，就已經掌握的歷史文獻而言，對北邊衛所城市公署、壇壝和學校的建築規模形態進行討論是本文研究的主要方向。

1.3　研究方法與框架

1.3.1　研究的方法

1.3.1.1　搜集整理文獻資料

通過全面搜集整理現存相關史料中較爲明確的有關文字和圖像，以提取盡可能多的明代北邊衛所城市建築可靠實例，在這些史料基礎上加以歸納比較總結，是本文最基本的研究途徑。

本研究直接運用到的明清地方志即達 200 餘部，關於從地方志中提取明

〔註68〕嘉靖《陝西通志》卷七·建置沿革。

代有關城市及主要建築信息的辦法如下：

　　首先，明代地方志可直接提取，其反映的信息非常直接，彌足珍貴。由於史料數量有限，儘管明代從洪武至崇禎有 200 多年的時間跨度，本文仍統稱其爲明代；其次，從清代及以後地方志中分辨延續明代的情況，分析獲知明代的原貌。本文所關注的相當多地區，由於目前僅有清代及以後的地方志材料留存，從其中準確鑑別提取我們關注的明代信息則至關重要。本文在運用這些史料的時候，更傾向於出自清代前期的文獻。

　　此外，由於建築可以具有長達百年的正常壽命週期，古代城市發展一般具有長期穩定狀態，對史料中有關信息的選取和鑑別是可行的，也是極其重要的。

1.3.1.2　密切結合圖像資料

　　從圖像史料可用來直觀瞭解情況，也能對照印證文獻。本文研究充分將歷史文獻與明代北邊衛所城市有關的地圖、輿圖、方志所附城市建築圖參照進行。

　　一般地方志等史料中可能出現的輿圖大致有四種，即府（州、縣、衛、所）的城圖、治署圖、學校圖及壇壝圖等。同時，這四種輿圖所對應的城市建築詳細情況一般也可能在正文內記載，二者不明確之處可相互考訂。

　　因此，相關的主要衙署、學校（大多包括儒學、文廟等）、壇壝和一定數量的祠廟等在明清方志較多記載的建築類型，也就成了我們研究的重點和重要突破口。尤其以上「四圖」極大地彌補了我們現在判讀相關文字描述上可能的誤解，爲我們重建其中的歷史構圖提供了可行性。

　　第一，府（州、縣、衛、所）城圖。主要記錄了城垣輪廓、城門的數量位置以及與之相關的骨乾道路情況，還可能包含主要建築的大概位置及相對定位關係。

　　第二，府（州、縣、衛、所）治署圖。主要反映主官公署（府、州、縣、衛、所治等）的建築布局和院落空間關係。

　　第二，府（州、縣、衛、所）壇壝圖。一般爲有關主要壇壝的平面圖，但數量較爲稀少。

　　第四，府（州、縣、衛、所）學校（儒學、學宮、文廟等）圖。一般詳細刻畫官辦學校相關建築的建築布局和院落空間關係。

1.3.1.3　進行歷史統計分析

本文採取的重要研究手段就是歷史統計分析，從史料和實例的選擇階段就關注其可能的數據化特徵，參照歷史統計學及計量史學的一些方法加以定性和定量歸類分析，通過史料信息的分類統計以求可觀的合規律性和相關性特徵，並進一步探尋歷史真相。

例如分解城市平面形態構成要素為：城牆規模與城門數量、城市街道平面模式、主要建築分佈方位等進行統計比較。另外，從整體性特徵的基礎上去把握主要建築的平面布局情況，試圖去探尋其中可能蘊含的某種規制點滴。

1.3.1.4　歷史的解釋和探索

由於總體上存在史料及有關遺存稀缺的問題，對明代北邊衛所城市很多具體歷史事實也已不可能獲知其全貌，本文研究試圖避免宏觀總結，也不過分期望從已掌握的歷史信息中得出某種高度概括性或全域性的規律和結論來。

而是充分尊重史料和已知歷史事實，抱著「歷史學還過去以本來面目」的求真企盼，依託各種直接、間接史料來提出全部論點，並提供解釋框架，然後進行紮實的歷史解讀，或加以規律性探索，或嘗試給出適宜的歷史構圖。

1.3.2　研究的框架

在前面的討論基礎上，筆者針對與明代北邊衛所城市平面形態和主要建築規模研究的基本框架如下：

本文的各章標題如下：

第 1 章　緒論

第 2 章　遼東地區：遼東都司所轄衛所城市

第 3 章　順天、永平、保定地區：大寧都司與北平都司（後改直隸）沿邊衛所城市

第 4 章　宣府、大同、山西三關地區：萬全都司、山西行都司與山西都司沿邊衛所城市

第 5 章　陝西各邊地區：陝西行都司與陝西都司沿邊衛所城市

第 6 章　主官公署

第 7 章　主要壇壝

第 8 章　官辦學校
第 9 章　結論

圖 1.3.1　本文的研究框架

明代北边卫所城市平面形态与主要建筑规模研究

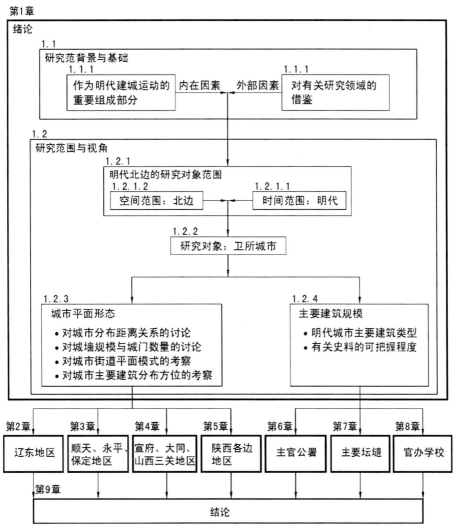

（資料來源：自繪）

第 2 章　遼東地區：遼東都司
所轄衛所城市

2.1　遼東都司衛所城市體系

　　明代對遼東的長期直接控制範圍大致相當於今遼寧省中部遼河平原、遼東半島和遼西山地南麓地帶地區。遼東地區是明代京畿的側翼屏障，肘腋重地，「三面瀕夷，一面阻海」，其西北是兀良哈等衛羈縻的蒙古部落，東北是建州、毛憐、女直等衛及東南側的屬國朝鮮。以東的女眞各部在明代晚期以前較爲可靠。南面沿海地區明初雖曾有倭寇之患，但明永樂十七年（1419 年）金州衛南海濱的望海堝一戰全殲倭寇主力，使得此後兩百餘年倭寇絕少再犯遼東。在明代的大多數時間，遼東地區的邊備重點爲北方的蒙古各部。

　　遼東地區東北的天然屏障爲長白山山地，長白山的餘脈千山向西南延伸至遼東半島南端，在遼陽城、瀋陽城等以東的廣闊地區，地貌是低山丘陵與谷地相間排列，溝嶺縱橫，利於憑險扼守，控制通道；本地區的正北方向爲東西遼河交匯處和遼河河套地區，河汊密佈交錯，河道彎曲寬闊，通行困難，僅有沿長白山地西麓的開原城、鐵嶺城等控制的遼河以東狹窄通道可達以南腹地；本地區西北的天然屏障是北接大興安嶺，南連燕山山脈的遼西山地，主體呈東北——西南走向，山地多寬溝河谷，南麓至渤海沿岸爲狹長的濱海平原，即通往京師的咽喉要地「遼西走廊」，走廊北起錦州城，南至山海關，背山面海，形勢險要。

　　此間有遼東都司所領的 25 衛，11 千戶所（獨立），二州（內附的少數民

族，置自在、安樂二州附郭），治下均是實土衛所城市。

由於遼東都司所轄城市大部分在明末被新興的建州女眞（後金）攻佔，其中的大多數衛所城市較之關內經歷了更多的城市拆改和破壞，無論城市的現存平面形態肌理，還是城市的主要建築遺存和文獻記載均非常稀少。例如，遼東地區明代的方志寥寥無幾，清代的方志又多是清末乃至民國初刊撰，透過這些直接材料很難辨識明代城市建築的細節。受到史料的限制，本章的相關內容也只能試圖透過珍貴的隻鱗片羽，尋覓一些遼東都司衛所城市及其建築的蛛絲馬蹟了。

2.1.1　遼東都司衛所城市體系形成過程

遼東都司衛所城市體系是不斷適應當時的北部邊防建設需要而逐漸完善起來的。大致經歷了三個重要發展時期：

2.1.1.1　初創期（1371～1388 年）

洪武四年（1371）明王朝先招降故元遼陽行省平章劉益，取得遼南之地，漸次攻取遼陽等地。

鑒於遼東長期在遼、金、元等少數民族政權治之下且具有重要的戰略地位，明廷首先撤遼東原有的府縣，從洪武四年開始就遷徙邊地和新附居民到內地生活，將臨邊地區變成了故元勢力無法利用的眞空地帶——明代在北邊大多數新附地區都採取了這樣的政策——奠定了在遼東地區建置衛所城市進行守備的基礎；同時，由軍隊在戰略要點建立衛所城市屯駐，以塡補統治空白，又達到了隔絕內外的目的，如洪武四年置遼東衛，洪武五年置金州衛。

在洪武六年（1373）遼東曾恢復過縣的行政體制，但至洪武十年（1377），可能是由於形勢不利，又再次全部裁撤。

由衛所軍隊完全控制北部邊境地區，並戍守屯田生產自給自足。這樣既能保證邊地居民不被故元勢力收買利用，又充分發揮了邊境土地的生產效力以實現就地養軍，達到基本解決軍備開支的目的。

經過不懈鬥爭，直到洪武二十年（1387 年）明軍逼降故元太尉納哈出，才肅清遼東全部地區。當時遼東地區已有遼陽城、海州衛城、蓋州衛城、開原城、復州衛城、金州中左所城、義州衛城等衛所城市，除了遼陽城、蓋州衛城和義州衛城依託元代既有城址外，其餘各城均爲新築。

其中，海州衛城、蓋州衛城、復州衛城、金州衛城、金州中左所城等已完備構成了遼南的衛所城市體系，一直延續到明末。而此時，遼東其他直接臨邊地區僅有東北部的開原、遼陽和西北的義州等要點設置了衛所城市。並在遼陽置遼東都司總轄遼東地區衛所。

在洪武二十一年，又建撫順所城、蒲河所城，對三面臨夷的開原城的側翼和與後方的聯繫進行了加強。通過十餘年的經營，遼東都司衛所城市初具規模。

2.1.1.2　廣寧發展期（1390～1410 年）

廣寧衛城設於洪武二十三年（1390），此時，遼東地區的東北部和遼南地區已基本穩固。而且這時明軍又佔據了位於遼東地區以西以北的元上都開平及大寧的廣大地區，並於洪武二十年（1387），在緊鄰遼東地區的大寧城置北平行都司衛所。設廣寧衛城應是遼東都司對大寧地區明軍的策應行動，同時作為義州衛城以東大片土地和築堡地區的戰略支撐點，隨後，又設置廣寧中左屯衛城（錦州）及廣寧前屯衛城鞏固後方，保證與關內的聯繫，並加強廣寧衛城等衛所軍力。在此基礎上保證了遼王在洪武二十五年就藩（永樂中徙封遼王於湖廣）。

與此同時，繼續加強開原方向，新建鐵嶺衛城、懿路城、瀋陽中衛城等。至永樂八年，經過 20 年的逐漸開始完善，遼東地區衛所城市防禦體系的基本輪廓形成，戰略意圖也逐漸清晰。

2.1.1.3　寧遠發展期（1430 年）

靖難之後，永樂元年（1403），明成祖朱棣將大寧城賜予屬夷兀良哈三衛住牧，同時，調北平行都司及東勝諸衛主力內徙至順義、永平、保定地區。廣寧地區以西以北同時暴露在蒙古精騎面前，側後方遼西走廊通往關內的交通要道也受到嚴重威脅。至此，遼東地區三面臨邊的局面也基本定型。

> 謹按遼東全鎮，延袤千有餘里，北拒諸胡，南扼朝鮮，東控福餘真番之境，實為神京左臂。自大寧失險，山海以東，橫入虜地，寧前高平諸處一線之途，聲援易阻，識者有隱憂焉。〔註1〕

此後的二十餘年裏，遼西走廊驛路交通受到來自大寧地區的蒙古部族滋擾侵犯不斷，為保證聯絡安全，到宣德五年（1430），一年之內，在遼西走廊

〔註1〕隆慶《九邊圖説·遼東都司圖説》。

中段曹莊驛東湯池地方新置寧遠衛城，又同時將六個驛站拓爲所城，與此前設置的廣寧前屯衛城共同構成間距數十里的衛所城市帶，「置軍半以護送行者，半以屯種養贍」〔註2〕，保衛此咽喉要道。

> 置遼東寧遠衛於湯池，凡五千戶所以定遼中衛右所定遼前衛中所定遼衛後所廣寧中衛右後二所實之其湯池上下六站各增置一千戶所，山海東關至高嶺驛，設廣寧前屯衛中前所；沙河驛至東關驛，設廣寧前屯衛中後所；杏山驛至小凌河驛，設廣寧中屯衛中左所；凌河驛至十三山驛，設廣寧左屯衛中左所；東關驛至曹莊驛，設寧遠衛中右所；連山驛至杏山驛，設寧遠衛中左所。〔註3〕

經歷了以上三個發展時期，遼東都司治下 29 座衛所城市至此基本築成，並且均爲實土衛所城市。其中，延續改建元代既有城址 7 座，新建 22 座（包含在元代以前廢棄城址上建城）城池分置數目不等的衛、所（包括苑馬寺所轄的永寧監城）。

表 2.1.1　明代遼東都司衛所城市建置過程〔註4〕

分　期	衛　所　建　置	建置主要相關城市
初創時期 （1371～ 1388 年）	洪武四年（1371）：置定遼都衛	遼陽城●
	洪武五年（1372）：建金州衛	金州衛城◎
	洪武五年（1372）：復置州縣	
	洪武八年（1375）：改定遼都衛爲遼東都司	遼陽城
	洪武八年（1375）：設定遼後、前、左、右衛	
	洪武九年（1376）：建海州衛	海州衛城◎
	洪武九年（1376）：設蓋州衛	蓋州衛城●
	洪武十年（1377）：盡革所屬州縣，並置衛	
	洪武十一年（1378）：建遼海衛	開原城◎
	洪武十四年（1381）：建復州衛	復州衛城◎
	洪武十七年（1384）：建定遼中衛	遼陽城
	洪武十九年（1386）：改東寧所等爲東寧衛	遼陽城
	洪武二十年（1387）：建金州中左千戶所	金州中左所城（旅順）◎
	洪武二十年（1387）：設義州衛	義州衛城●

〔註2〕《明宣宗實錄》卷之五十八·宣德四年九月甲辰朔。
〔註3〕《明宣宗實錄》卷之六十一·宣德五年正月壬寅朔。
〔註4〕牛平漢編著，明代政區沿革綜表，北京：地圖出版社，1997：411～416。

	洪武二十一年（1388）：建三萬衛	開原城（附郭）
	洪武二十一年（1388）：建撫順所	撫順城◎
	洪武二十一年（1388）：建蒲河千戶所	蒲河城◎
廣寧發展期 （1390～ 1410 年）	洪武二十三年（1390）：設廣寧衛	廣寧衛城●
	洪武二十四年（1391）：建廣寧中屯衛 洪武二十四年（1391）：建廣寧左屯衛	廣寧中左屯衛城（錦州）●
	洪武二十六年（1393）：設廣寧中衛 洪武二十六年（1393）：設廣寧左衛；	廣寧衛城
	洪武二十六年（1393）：建廣寧前屯衛	廣寧前屯衛城●
	洪武二十六年（1393）：徙治遼海衛	開原城（附郭）
	洪武二十六年（1393）：徙治鐵嶺衛	鐵嶺衛城◎
	洪武二十九年（1396）：建鐵嶺衛左左千戶所、中千戶所	懿路城◎
	洪武三十一年（1398）：建瀋陽中衛	瀋陽中衛城●
	建文四年（1402）：設廣寧右衛	廣寧衛城
	永樂六年（1408）：建自在州	遼陽城（附郭）
	永樂六年（1408）：安樂州	開原城（附郭）
	永樂六年（1408）：永寧監城	永寧監城◎
	永樂八年（1410）：徙治廣寧後屯衛	義州衛城
寧遠發展期 （1430 年）	宣德五年（1430）：置寧遠衛	寧遠衛城◎
	宣德五年（1430）：置寧遠中左千戶所	寧遠中左所城（塔山）◎
	宣德五年（1430）：置寧遠中右千戶所	寧遠中左所城（沙後所）◎
	宣德五年（1430）：置廣寧中屯衛中左千戶所	廣寧中屯所城（松山堡）◎
	宣德五年（1430）：置廣寧左屯衛中左千戶所	廣寧中左所城（大凌河）◎
	宣德五年（1430）：置廣寧前屯衛中前千戶所	廣寧中前所城◎
	宣德五年（1430）：置廣寧前屯衛中後千戶所	廣寧中後所城◎
	正統四年（1439）：置鐵嶺中左千戶所	汎河城◎
	嘉靖四十四年（1565）：徙治定遼右衛	鳳凰（堡）城◎

（●為元代既有；◎為明代新築）

　　各衛所分別據守在以相應的衛所城市為中心的戍地上，通過驛路交通連成網絡。後來，根據邊患情況變化，遼東總兵官在廣寧、遼陽兩城間往來，這個完整的衛所城市體系為此後整個遼東城市防禦體系的充實完善構建了最

根本的框架。

> 國初，廢郡縣，置衛所，以防虜寇獨於遼陽、開原，設自在、
> 安樂二州，處降夷。東北，則女直、建州、毛憐等衛。西北，則朵
> 顏、福餘、泰寧三衛。分地授官，通貢互市。寇盜亦少。嘉靖間虜
> 入，大得利去，遂剽掠無時。邊人不得耕牧。城堡空虛。兵馬雕耗。
> 戰守之難、十倍他鎮矣。〔註5〕

由於遼東都司所轄均為實土衛所城市，在遼東邊地居民中，軍隊和軍戶
占到了極高的比例。例如在嘉靖前期，遼東都司治下二十五衛二州的全部人
口為 275,155 人，其中馬軍員額 52,282 人，步軍 37,495 人，其他軍兵員額合
計人 34,949 人，另有寄籍民（各種來往暫住人口）7109 人〔註6〕。這樣算下
來，其餘所有非軍人（應含軍戶及軍餘人員）則為 143,320 人，也就是說，當
時遼東邊地正規軍隊員額與非軍人數之比幾乎接近 1：1。

此後，明代遼東都司衛所城市體系以完整功能運行了一百餘年，至嘉靖
年間逐漸開始崩壞，至明末後金進佔遼東而徹底崩潰瓦解。

2.1.2 遼東都司衛所城市分佈情況

遼東都司衛所城市按照其聯絡關係大致可分為四部分：

東南部分：金州中左所城（旅順）至遼陽城、瀋陽中衛城一線，即遼東
半島千山山脈西麓的衛所城市帶。

東北部分：開原城至瀋陽中衛城一線，即遼河河套以東，位於長白山地
西麓的衛所城市帶。

西北部分：廣寧衛城、義州衛城、廣寧中左屯衛城（錦州）以及廣寧右
屯衛城構成的對角區域，即遼西山地東麓的丘陵河谷衛所城市帶。

西南部分：山海關至廣寧中左屯衛城（錦州）一線，即遼西山地南麓濱
海平原，遼西走廊衛所城市帶。

我們注意到，東南部分和西北部分的衛所城市間距大部分都在 120 里左
右。考慮到金州衛城、復州衛城、蓋州衛城、海州衛城、遼陽城、瀋陽城以
及義州衛城、廣寧城、錦州城等衛所城市多是建立在故元城市基礎上，或元
代以前廢棄城址之上，其選址很大程度受到了原有城市體系的影響。120 里

〔註5〕《明會典》卷一百二十九·鎮戍四，各鎮分例一。
〔註6〕嘉靖《遼東志》卷三·武備。

左右反映的可能正是元代以前城市的常見聯絡距離。到了明代，這些具有優良的天然屏障的城市，來自北方的防禦壓力不算大，這樣的城市間距基本滿足了城市聯繫的需要，只是需要在其間增添了不少驛站、城堡作爲補充。

圖 2.1.1　明代遼東都司衛所城市間距及分佈示意圖

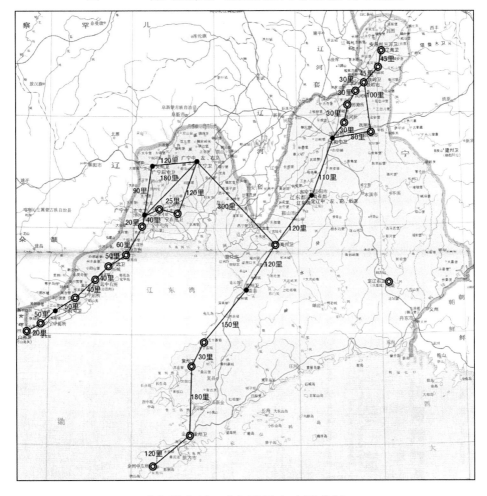

（底圖來源：《中國歷史地圖集》）

另外，東北部分和西南部分的衛所城市間距較小，一般都在三、五十里左右。而這些衛所城市絕大部分都是明代新創設的。在明代，這兩個部分都是面臨重要隘路的邊備「極衝」之地，又各自具有重要交通聯絡作用，當時築城時將城市間距這樣設定，應屬必須。

永樂年間也曾在遼河流域東起開原，西至廣寧築有數百里的邊牆，但是，

一方面由於遼河泥沼遍佈，邊牆保持維護困難。另一方面，遼河夏季水淺可涉，冬季冰凍可通，敵騎可從容沿著徑流截斷邊牆處進襲。加之遼河河網密佈，東西延袤二千餘里，東西兩面應援不便。因此，「修城布兵」是遼東城市防禦體系的設防重點，而衛所城市體系是遼東地區城市防禦體系的骨幹。

為配合構成完善的遼東衛所城市體系，還在各衛所城市周邊控隘扼險設置了大量次一級規模的由屯軍鎮守的城堡（可以理解為純軍事性質的城市）、墩臺，受到對應衛所城市統轄，平時要求保證官軍數百名不等，並且設定周邊主要城市的駐軍主力「兵馬可為策應」。

> 此遼東沿邊城堡墩空兵馬也，夫遼南望青徐，北引松漠，東控
> 海西，女直諸夷朝鮮百濟新羅諸國，西連平薊，為神州襟吭，枕山
> 抱海，風氣勁悍，士馬甲於天下，若乃山溪之險，天造地設，崇形
> 勢據險隘，察遠近便勞逸，識者恒汲汲焉，兵法九地之變，屈伸之
> 利人情物理不可不察也。〔註7〕

這些小規模城堡，其城牆規模很多也達到了周圍一二里左右，按照軍事行動要求適時屯置一定量的軍隊，軍士都設一守堡官員統領。到明代中期，還在遼東的主要驛路上普遍設置了一種小規模官軍鎮守設防的城堡——路臺，「嘉靖二十八年，巡撫蔣應奎自山海直抵開原每五里設臺一座，歷任巡撫吉澄、王之誥於險要處增設加密，每臺上蓋更樓一座，黃旗一面，器械俱全臺下有圈設軍夫五名，常川瞭望以便趨避」〔註8〕。

> 明時遼鎮建敵臺一千三百三十三座（1333）座，路臺二百二
> 十八（228）座，當初建時量地衝緩，緩者五里一臺，衝者二三里
> 一臺，而所謂路臺者，高三丈五尺，周圍四十丈，體圓以大磚為
> 之，上置鋪樓垛口，每臺設守軍五名，專納行旅居民之遇敵者也，
> 今自山海關至寧遠州依然星羅棋佈，完好若新，自寧遠州至奉天
> 府或五里一臺或四里一臺（明啓禎為大清所毀），自奉天至威遠堡
> 柳條邊則數十里一臺，而又殘毀過半，土人云天聰間增城奉天取
> 材於此故也。〔註9〕

另外，根據遼東大部分地區濱海的地理環境，衛所城市及其所屬城堡還

〔註7〕嘉靖《遼東志》卷三・武備。
〔註8〕嘉靖《全遼志》卷二・邊防志。
〔註9〕康熙《柳邊紀略》卷一。

有與「沿海城堡墩架」的策應關係。這與防備海賊和倭寇的戰略要求有直接關聯。例如：金州衛城對應有旅順口城、望海堝堡、紅嘴堡、黃骨島堡；復州衛城對應有楊官寨堡、欒古驛堡；蓋州衛城對應有熊岳驛堡、五十寨驛堡等。當然，上述敵臺、路臺及小城堡等從規模和作用上來看，都是與衛所城市無法相比的。

2.2 遼東都司衛所城市平面形態

2.2.1 城市街道的平面模式

　　根據已掌握的有關城圖，遼東都司衛所城市的街道平面模式可見以下幾類：

2.2.1.1 十字街型

圖 2.2.1 清代前期錦州（明代廣寧中左屯衛）城圖

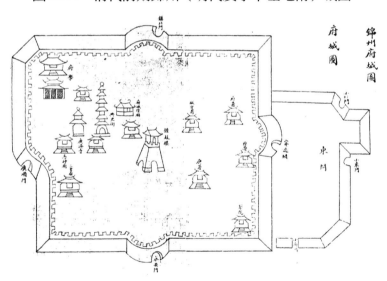

（資料來源：康熙《錦州府志》）

圖 2.2.2　清代前期開原城圖

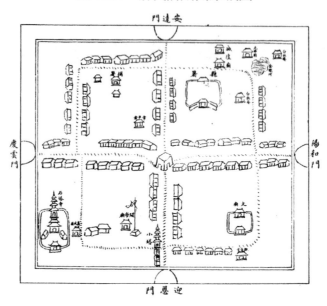

（資料來源：康熙《開原縣志》）

2.2.1.2　丁字街型

圖 2.2.3　清代前期蓋平（明代蓋州衛）縣治城池圖

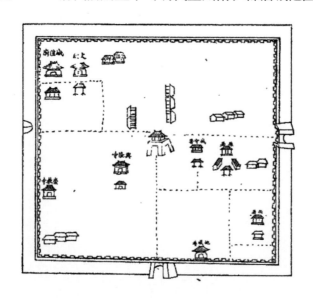

（資料來源：康熙《蓋平縣志》）

2.2.1.3　錯位十字街型

圖 2.2.4　清代前期鐵嶺縣治（明鐵嶺城）城池圖

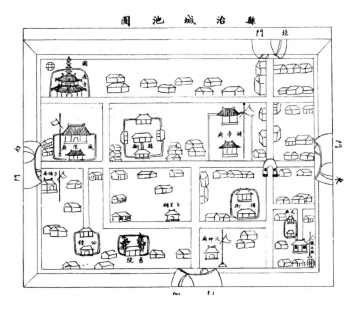

（資料來源：康熙《鐵嶺縣志》）

2.2.1.4　複雜型

圖 2.2.5　明代廣寧鎮城圖

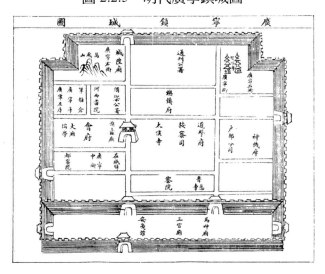

（資料來源：嘉靖《全遼志》）

遼陽城和廣寧城規模較大，城門分別為 5 座、6 座，其城市縱橫有多條主要街道交織，情況較為複雜。

2.2.2　城牆規模與城門數量

明代遼東都司的衛所城市規模及築城相關情況，如下表所示：

表 2.2.1　明代遼東都司衛所城市城池規模〔註 10〕

城　　市	城市規模	城高池深	築城情況	設衛時間	駐防軍隊規模（城內千戶所數）
遼陽城（自在州附郭）	周圍 22 里 295 步。門 6	高 3.3 丈，池深 1.5 丈	（舊有）城舊有洪武展築永樂丙申完砌	洪武十年罷縣十七年置衛。	定遼中衛（左中前後 4 所）定遼左衛（左中後 3 所）定遼右衛（右後 2 所）定遼前衛（左右前後 4 所）定遼後衛（左右中前 4 所）東寧衛（左右中前後中左 6 所）
廣寧城	周圍 12 里 45 步。5 門	高 3.5 丈，池深 1.5 丈	（舊有）洪武間修築甃以磚。	廢州縣，洪武二十三年建廣寧衛，二十五年封建遼王	廣寧衛（左右中前後 5 所）廣寧左衛（中前後 3 所）廣寧右衛（中前後 3 所）廣寧中衛（左右前中 4 所）
廣寧右屯衛城	周圍 4 里 306 步。3 門	高 2.9 丈，池深 0.8 丈	（舊有）永樂中開築	洪武二十七年城公主寨故址	廣寧右屯衛（左右中前 4 所）
廣寧前屯衛城	周圍 5 里 30 步。門 3	高 3.5 丈，池深 1 丈	（舊有）洪武二十五年因舊修築，宣德正統間包砌。		廣寧前屯衛（左右中前後 5 所）
義州城	周圍 9 里 10 步。門 4	高 3 丈，池深 1.5 丈	洪武間修築，宣德間甃磚。	洪武二十二年移治城	義州衛（左右前後四 4 所）廣寧後屯衛（左右中前後 5 所）
廣寧中左屯衛城（錦州城）	周圍 5 里 220 步。門 4	高 2.5 丈，池深 1.2 丈	（舊有）洪武二十四年修築，成化十二年展	各衛洪武二十五年後移治錦州	廣寧中屯衛（左右中前後 5 所）廣寧左屯衛（左右中前後 5 所）

〔註 10〕未特別指明者，均根據嘉靖《遼東志》、《全遼志》中有關內容整理。

松山所城（松山堡）	地基 3 里 120 步。門 3〔註11〕			宣德三年	廣寧中屯衛中左千戶所（1）
大凌河所城	周圍 3 里 20 步，門 1〔註12〕			宣德三年	廣寧左屯衛中左千戶所（1）
寧遠城	周圍6里8步。門4	高 2.5 丈，池深 1.2 丈	宣德間始建	永樂初建	寧遠衛(左右中前後 5 所)
塔山所城（塔山）	周圍 3 里 184 步。門 3	2.5 丈	宣德五年建，嘉靖癸亥加高三尺		寧遠衛中左千戶所（1）
沙河所城（小沙河）	周圍 3 里 184 步。門 2（3）	高 2.5 丈	宣德五年建，嘉靖癸亥加高三尺		寧遠衛中右千戶所（1）
中前所城（急水河）	周圍 2 里 269 步。門 1（3）	高 3 丈，池深 1 丈	宣德三年建	宣德三年	廣寧前屯衛中前千戶所（1）
中後所城（杏林堡）	周圍 3 里 69 步。門 2（4）	高 3 丈，池深 1 丈	宣德三年建	宣德三年	廣寧前屯衛中後千戶所（1）
開原城(安樂州附郭)	周圍 12 里 20 步。門 4。	高 3.5 丈，池深 1 丈	（舊有)設衛因舊土城修築磚砌	洪武二十二年罷府設衛	三萬衛（左右中前後 5 所，中中等 3 所）遼海衛（左右中前後 5 所，右右等 4 所）
鐵嶺城	周圍 4 里 60 步。門 4	高 2 丈，池深 1.5 丈	弘治十六年展	洪武二十六年徙今治	鐵嶺衛（左右前後 4 所）
懿路城	周圍 3 里 343 步。門 2	高 2 丈，池深 0.9 丈	（舊有)舊有城基，永樂五年修築包砌。		鐵嶺衛左左千戶所、中千戶所（2）
汎河城	周圍 715 丈。門 2	高 2 丈，池深 1.2 丈	正統四年設		鐵嶺衛中左所（1）
瀋陽城(瀋陽中衛城)	周圍 9 里 30 步。門 4	高 2.5 丈，池二重，均深 0.8 丈	（舊有)洪武二十一年因舊修築。	洪武二十年設衛	瀋陽中衛（左右中前後 5 所）
撫順所城	周圍 3 里有奇，門 2	池深 1 丈	洪武十七年創立		撫順千戶所（1）
蒲河所城	周圍 725 丈，門 2	池深 1 丈	正統二年建		蒲河中左千戶所（1）

〔註11〕康熙《錦州府志》卷三，城池。
〔註12〕康熙《錦州府志》卷三，城池。

海州衛城	周圍 6 里53 步。門 4	高 3.4 丈，池深 1.2 丈	(舊有)舊爲土城，洪武九年創築包砌以磚	洪武九年革州縣設衛	海州衛(左右中前後 5 所)
蓋州衛城	周圍 5 里88 步。門 3	高 1.5 丈，池深 1.5 丈	(舊有)洪武五年因舊土城修築，九年展築磚石包砌。	洪武九年革州縣設衛	蓋州衛（左右中前 4 所）
復州衛城	周圍 4 里300 步。門 3	高 3.5 丈，池深 1.5 丈	(舊有)洪武十五年因舊址修築，永樂四年包砌	洪武十年革州縣，十四年設衛	復州衛（左右中前 4 所）
金州衛城	周圍 6 里。門 4	高 3.5 丈，池深 1.7 丈	(舊有)洪武四年增築，十年包砌.。	洪武四年歸附設衛	金州衛（左右中前中左 5 所）
旅順口城	北城：周圍1 里 280 步；南城：1里 300 步。各 1 門	池深均 1.2 丈；	城二，北、南城永樂十年磚砌（北城後廢）	北城洪武四年立木柵以守，二十年設中左所	金州衛中左所（1）
鳳 凰 城〔註13〕	周圍 3 里80 步，南 1門(康熙二年東闢 1門)		築於成化十七年	嘉靖三十七年移置定遼右衛	定遼右衛（後從遼陽徙來）
永寧監城	周圍 3 里80 步；門 3	高 1.7 丈，池深 1.5 丈	永樂七年創建，嘉靖十四年以石甃之		隸苑馬寺（0）

　　明代遼東都司大多數衛所城市的正城城門數量與城牆的周回規模具有較明確的正相關關係，並且在一定範圍內具備可能有規律的關聯，如下圖所示。

〔註13〕康熙《錦州府志》卷三，城池。

圖 2.2.7　明代遼東都司衛所城市城門數量與城牆周回關係示意圖

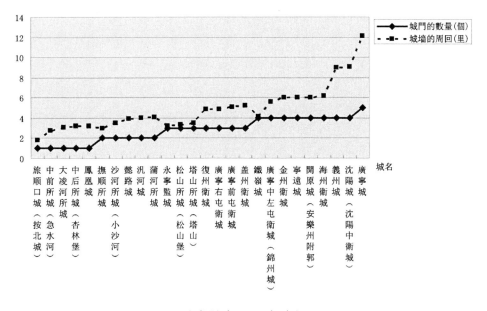

（資料來源：自繪）

　　第一，如果城牆周圍 2～3 里，其城門多為 1 座，例如急水河、大凌河、杏林堡、鳳凰城等；更小規模的城，如旅順口北城，則只會有一座城門。

　　第二，如果城牆周圍達到 4 里左右，城門均不少於 2 座，例如小沙河、懿路、汎河、蒲河所城等；其中，撫順所的特殊情況有必要一提，城周回僅 3 里，但是開 2 門，成為了在明末與後金戰爭初期，後金兵攻城能力極差的情況下，最早失陷的較大城池（萬曆四十六年 1618），從城門數量與城牆周回關係思考此事，可能也有一定參考價值，

　　第三，城門開 3 座的情況，城牆周圍大致在 3～5 里，此時的多數實例均為周圍 5 里左右的衛城，如復州衛城、廣寧右屯衛城、廣寧前屯衛城、蓋州衛城；而在遼西走廊上的松山所城和塔山所城周圍不到 4 里，開 3 門可能有在水陸交通方面的考慮。永寧監城作為苑馬放牧畜養的功能城市，城池規模不大，開門也較多。

　　第四，城牆周圍 6 里左右及以上，其城門均不少於 4 座；儘管存在一定的正相關關係，但是，可以發現，當城牆周圍規模再繼續增大，義州、瀋陽

城達到 9 里多，城門仍只有 4 座，而更大的廣寧城 12 里多，直至遼陽城 22 里多，城門數也沒有超過 6 座。或者說，城牆周圍超過 6 里，與城門數的正相關關係消失。

圖 2.2.8　明代遼東都司衛所城池城牆高度

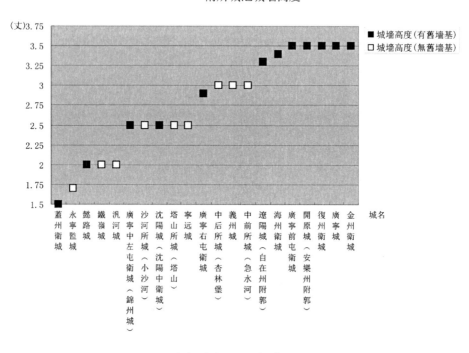

（資料來源：自繪）

　　一般情況下，城門數與城池設防要求有較大的關聯，對遼東都司所轄衛所城市來說，儘管城市規模（包括人口、產業規模等）可以很大，但達到一定城市規模後，其軍事防禦要求往往制約了商業等城市經濟職能，在滿足最低的內外溝通需求的前提下，此時的城門數基於防禦的考慮已經不可能再增加。

　　撫順所城和鐵嶺城（失陷於萬曆四十七年 1619）在圖上作為兩個較明確的拐點，即同規模的城池中城門相對偏多，又在明末連續輕易陷落，確實耐人尋味。

　　明代遼東都司所轄相當一部分衛所城市的城牆高度，與城牆是否有舊城

基有一定關聯。除了城市規模較小的城市外，舊有故元以前城基，到明代又增（改）築的城池有 12 座，我們注意到，其城牆高度有 7 座都在 3 丈以上；而其餘在明代新築的無舊城基的城池，其城牆高度大多在 2～3 丈左右。

這樣的現象很可能反映了當時衛所城市城池建設的水平受到舊城基址的較大影響，具體來說，就是在工程技術水平相同的情況下，興建在舊城基上的城池，容易建得更高。而明初在新地築城的一批衛所城市，其建設過程受到臨戰要求迫切、經濟條件不佳等客觀條件的限制，城池建設效果一般。

圖 2.2.9　明代遼東都司衛所城市城牆周回與駐防軍隊的規模

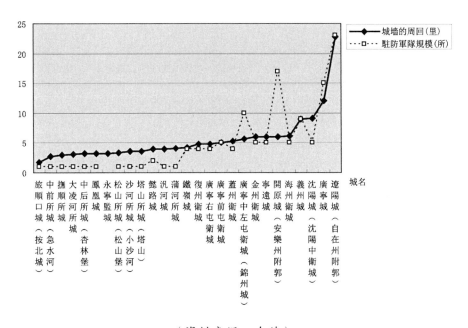

（資料來源：自繪）

我們再看遼東都司衛所城市城牆的周回規模與駐防軍隊規模的關係，如上圖所示，從整體來看，這二者總體存在一定程度的正相關關係，也有一些特例。

觀察上圖的兩條折線。遼東都司所轄的千戶所建置城市實例中，自蒲河所（周圍 4 里 5 步）以下，至中前所城（周圍 2 里 269 步）。所有由 1 個千戶所建置的衛所城市，其城牆規模均為 3 里左右。此時，「三里之城」，「一所」守之足矣。甚至位於折線最左端的旅順口北城（周圍 1 里 280 步），如

果加上後築成的南城（1 里 300 步）的城牆周回規模也達到了 3 里左右，與其 1 所的軍力對應。

自鐵嶺城（周圍 4 里 60 步）起，建置規模均達到兩個以上千戶所。上圖中的兩折線呈現相互大致符合的關係，從復州衛城（4 里 300 步，有 4 千戶所）起，至義州城（9 里 10 步，9 所），再廣寧城（12 里 45 步，14 所），直到遼陽城（22 里 295 步，23 所），大體上有一定的重合趨勢，僅在錦州城、開原城、瀋陽城有較大的出入。其中，開原城置三萬衛、遼海衛均有大量收服少數民族入衛的因素，造成此二衛轄 17 所，是為一個特例，與總體趨勢無關。

或者可以說，除了錦州城和瀋陽城以外，遼東都司衛所城市較大規模的城池周回規模與其轄千戶所數目（或認為是每千名軍士）是基本對應的，大致城牆周回每增加 1 里，即增加 1 所（1000 名軍士）。

2.2.3　主要建築的分佈方位

明代遼東都司所轄衛所城市的主要建築的分佈位置可見下表。其中，我們注意到遼東都司衛所城市中很多主要建築方位的描述大多是以衛治為城市中相對位置參照點，即稱為位於「衛治某向」。這也表明衛所這些衛所城市中往往是人們心目中的當地的權力和社會指向的核心。

表 2.2.2　明代遼東都司衛所城市主要建築在城市中的分佈位置〔註 14〕

城　市	主要武官署〔註 15〕	學　校〔註 16〕	壇　壝	城隍廟
遼陽城〔註 17〕（都司治）	都司治：在城中〔註 18〕	在城東門內	社稷壇：在南關外；風雲雷雨山川壇：在南關外；厲壇：在北門外	在城西北隅
廣寧衛	總鎮府：永安門內大街北	衛治之右（遷建）	未建	明代未建（城內西北隅康熙五年建）

〔註 14〕未特別指明者，均為根據嘉靖《遼東志》、《全遼志》中的有關內容整理。
〔註 15〕嘉靖《全遼志》卷一。
〔註 16〕嘉靖《遼東志》卷三。
〔註 17〕民國《遼陽縣志》。
〔註 18〕康熙《遼陽州志》。

廣寧右屯衛	衛治：城東北隅	衛治東南（創建）	厲壇：在城東門外〔註 19〕	
廣寧前屯衛城	衛治：崇禮街北	儒學：舊在城西北隅，成化廢圓通寺改建		在城西北隅
義州衛		文廟：城東南隅		
廣寧中左屯衛（錦州城）	中屯衛：東街；左屯衛：西街	均在舊衛治西。正統元年〔註 20〕（創建）城西北		鼓樓西北隅
寧遠衛〔註21〕	衛治：永寧門（西門）內	衛治東南（創建）	未建	城西北隅
三萬衛（開原城）	衛治在學校南（城東南）	衛治北（城東南）洪武二十五年始創（創建）	社稷壇：在城外東南；風雲雷雨山川壇：在城外西南；厲壇：在北郊	在縣東北（即東北）
鐵嶺衛〔註22〕	衛治：城北隅	衛治東南	社稷壇：在西門外；風雲雷雨壇：在南門外；厲壇：在北門外	在西門內街北
瀋陽中衛城	中衛治：城東南隅	衛治東（創建）		
海州衛城	海州衛治：城西北隅	宣德遷城西門內；弘治遷城東南隅		
蓋州衛	蓋州衛治：城正中	衛治東南隅（創建）	社稷壇：在城東北；風雲雷雨壇：在城南；厲壇：在城北〔註23〕	在城內西北
復州衛	復州衛治：城正中	洪武舊在城東南隅，正統遷於城西北隅，嘉靖遷於城東南隅（創建）		
金州衛〔註24〕	金州衛治：城東北隅	洪武創建於衛治西南，正統遷於城東南隅（創建）		城內南街

〔註19〕乾隆《懷安縣志》卷十三・典祀。
〔註20〕康熙《錦州府志》卷三。
〔註21〕康熙《寧遠州志》卷三・城池公廨。
〔註22〕康熙《鐵嶺縣志》卷上。
〔註23〕康熙《蓋平縣志》卷下。
〔註24〕宣統《南金鄉土志》祠祀志。

　　根據實例已明確的情況，對明代遼東都司衛所城市各類主要建築在城市中的分佈方位統計如下：

（1）主要武官署

　　居城中者最爲常見，有 4 例，其次是在東北、東南、正西方的各有 2 例，在正北、正東、西北方的各 1 例。

圖 2.2.10　明代遼東都司衛所城市主要武官署方位

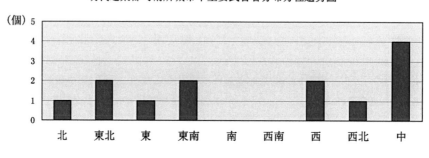

（資料來源：自繪）

（2）學　校

　　居城中東南向的是絕大多數，有 8 例；西北向有 2 例；在正東、正西、東北、西南向者各有 1 例。學校居東南（異位）之地有其原因。

圖 2.2.11　明代遼東都司衛所城市學校方位

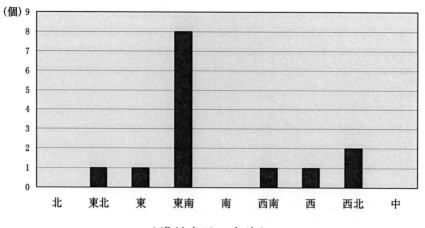

（資料來源：自繪）

（3）社稷壇

圖 2.2.12　明代遼東都司衛所城市社稷壇方位

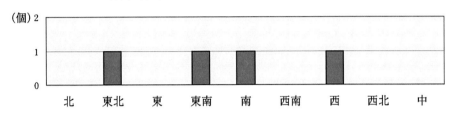

明代遼東都司衛所城市中社稷壇分布方位趨勢圖

（資料來源：自繪）

正南、正西和東北向各有一例。沒有特別明確的分佈趨勢。

（4）厲　壇

在城外正北向的最多，有 4 例，正東向有 1 例。

圖 2.2.13　明代遼東都司衛所城市厲壇方位

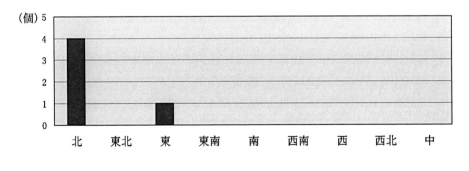

明代遼東都司衛所城市中厲壇分布方位趨勢圖

（資料來源：自繪）

（5）風雲雷雨山川壇

在城外正南向的有 3 例，西南向的有 1 例。

圖 2.2.14　明代遼東都司衛所城市風雲雷雨山川壇方位

明代遼東鎮所城市中風雲雷雨山川壇分布方位趨勢圖

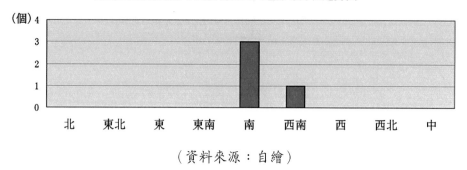

（資料來源：自繪）

（6）城隍廟

圖 2.2.15　明代遼東都司衛所城市城隍廟方位

明代遼東都司衛所城市中城隍廟分布方位趨勢圖

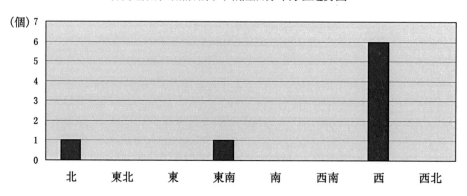

（資料來源：自繪）

　　有 6 例在城中西北向。正北向 1 例，東南向 1 例。

　　一些研究認為，明代城市的城隍廟一般位於城牆以內，「但社稷的牌位則放在城隍廟裏，只禮拜之日才和城隍的牌位一起被移到祭壇」〔註 25〕，按照這樣的說法，遼東都司衛所城市的社稷壇則應當也與主要在分佈在城內西邊的城隍廟位置有所對應，即靠近西門為宜。但是，在明代遼東地區的衛

〔註25〕斯蒂芬‧福伊希特旺，學宮與城隍，載〔美〕施堅雅，中華帝國晚期的城市，
　　　　北京：中華書局，2000：85。

所城市，並未見到之間明確的呼應關係。

2.3　小　結

遼東都司所轄衛所城市體系初創於明洪武中期，至洪武末期又重點建設了遼西北地區的廣寧城及周邊諸屯衛城。至宣德五年，薊遼以北可憑藉的藩籬──大寧、開平、興和相繼撤守，防禦形勢急劇惡化，造成遼東地區西北方向受到巨大的滋擾和威脅。爲鞏固遼東與關內聯繫的遼西走廊交通要道，一年之內，築衛城 1，所城 6，使得遼東地區的衛所城市體系自成體系，結爲一體。

按照分佈，金州中左所城（旅順）至遼陽城、瀋陽中衛城一線和廣寧衛城、義州衛城、廣寧中左屯衛城（錦州）西北對角區域的衛所城市，城市間距大多在 120 里左右；開原城至瀋陽中衛城一線和山海關至廣寧中左屯衛城（錦州）一線的衛所城市間距一般都在三、五十里左右。

遼東都司所轄衛所城市的街道平面模式可見十字街型、丁字街型、錯位十字街型和複雜型四種。

正城城門數量與城牆的周回規模具有明確的正相關關係，當城牆規模超過 6 里後，結合備禦設防的考慮，城門數量增加極緩。

城市的城牆高度，與城牆是否有舊城基有較大關聯。在工程技術水平相同的情況下，有舊城基的城池，容易建得更高。而明初新築的城池高度普遍比較低。

城市城牆的周回規模與駐防軍隊規模總體呈正相關關係，除了個別特例，各所城對應的城牆周回規模均在 3 里左右，與其 1 所的軍力對應；而更大規模的城池周回規模每增加 1 里，即增加 1 所（1000 名軍士）的軍力。

主要建築的分佈方位，趨勢基本明確的有：學校，城內東南；厲壇，城外正北；風雲雷雨山川壇，城外南方（及西南）；城隍廟，在城內正西者居多。

第 3 章　順天、永平、保定地區：大寧都司與北平都司（後改直隸）沿邊衛所城市

3.1　順天、永平、保定地區衛所城市體系

　　燕王朱棣興兵靖難登極之後，進而以順天府治北平為北京行在，形成與南京相對的實際統治中心，並在正統年間正式成為京師之地。順天、永平、保定地區成為了京畿核心區域，作為燕興之地，尤其受到其後明王朝統治者的關注。完善京畿核心地區的衛所城市體系，也是鞏固其統治的重要舉措。

　　順天、永平、保定（以下簡稱「順永保」）地區的明代衛所城市主要是由大寧都司（曾稱北平行都司）和北平都司（後改為後軍都督府直隸）所轄，所領共計有 42 衛，8 千戶所（獨立），其中，大寧都司領衛 11，所 1。這一地區的地方行政區劃主要是順天府、永平府和保定府及治下的數十個州縣，共有約 32 座衛所城市參列其中。

　　順永保地區位於今天華北平原的北部，東臨渤海，南為一望無際的中原腹地，太行山脈和燕山山脈延綿環繞其西、北兩面。東西走向的燕山山脈是順天、永平以北的天然屏障，整個燕山山脈正面寬廣，東起遼西山地，西至宣府大同界，山勢險峻，順天、永平轄境的明代北部邊境有松亭關、冷口、喜峰口、古北口等多個險隘可通燕山以北的蒙古高原。因此，扼守以上燕山險阻，抵禦北方游牧部族入侵，順永保地區的衛所城市體系必定是首當其衝。另外，倚山面海的山海關是京師與遼東之間的咽喉，必須強固。

東北——西南走向的太行山北段是順天、保定西北的天然屏障，山峰連綿，與燕山山脈交匯，順永保境內的幾條主要河流均發源於此，出居庸關可通過若干河谷通行至太行山以西的大同地區，再往南還有紫荊關、倒馬關等隘口也可穿越太行山脈。紫荊關、倒馬關、居庸關在明代合稱爲「內三關」，均有衛所築城守禦，是順永保側翼的要點，與後面提到的山西三關地區之雁門、寧武、偏頭「外三關」內外呼應，西偏有警，必分列戍守於此，以屏護京師西北。其中，居庸關重岡複嶺，路狹險固；而紫荊、倒馬二關隘口通路較多，山勢較緩，守禦困難。

3.1.1 順天、永平、保定地區衛所城市體系的形成過程

順永保衛所城市體系也是不斷適應當時的北部邊防建設需要而逐漸完善起來的。大致經歷了五個重要發展時期：

3.1.1.1 初創期（1371～1388 年）

明初在順永保地區以北置有大寧、開平等重鎮作爲外圍藩籬，與遼東和宣府連接形成完整的北邊，儘管故元勢力「餘孽猶熾」，但是作爲「腹裏」的順永保地區僅僅是一般的內地，衛所城市僅在遵化、薊州、密雲及山海衛等要害之地零星創設，數量較少。

又由於順永保地區長期爲前代的京畿地區，其本身的城市體系完善程度和城市密度均較高，此時新建置的衛所城市對整個地區的影響力有限。

3.1.1.2 屯種強化期（1396～1402 年）

順永保地區的總體農業條件較好，土地平坦，氣候適宜，加之河流眾多，又瀕臨大海，灌溉水源充足，耕種效果非常好。在明初，密雲以東諸城有遼闊耕地尚待開墾。

繼洪武二十九年（1396）徙開平中屯衛至灤州西數年屯種之後，洪武三十五年（1402），又從大同以北的農業用地貧瘠區徙來鎮朔衛、定邊衛、東勝左衛、東勝右衛，「命都督陳用孫、岳陳賢移山西行都司所屬諸衛官軍於北平之地，設衛移屯種。」〔註1〕這其中也可能包含著北平都司主力隨燕王朱棣南下征戰，抽調大同衛軍前來協防的目的。有必要一提的是，此時對順永保地區的強化，是以放鬆大同地區的山西行都司所控制陰山山脈和黃河河套平原

〔註1〕《明太宗實錄》卷之十二下，洪武三十五年九月己丑。

附近的諸多重要據點，如東勝、雲內等為代價的。

3.1.1.3　內撤鞏固期（1403～1406 年）

朱棣登極之後將大寧之地賜予兀良哈，遷大寧都司於保定，將大寧都司所屬興州諸屯衛以及營州諸屯衛內撤分佈於直接臨邊的順永保地區既有府、州、縣城市，又在保定建前、後、中、左、右五衛隸屬大寧都司，在此形成了一大批非實土衛所城市。

> 明初於古會州之地設大寧都司，為外藩籬。又收山海關、喜峰口、古北口、黃花鎮、潮河川一帶為內藩籬。永樂中遷都北平，掣回大寧，以其地委諾延、福餘、泰寧三衛，而以內藩籬為界。〔註2〕

同時又將都城（行在）實際遷至北京。這樣，由於外圍藩籬盡失，缺乏防禦縱深，一處被突破則北京直接受到威脅，因此不得不在周邊順永保地區逐步建立完善以衛所城市為骨幹的城市防禦體系，並形成了各衛所城市從四面拱衛京師的局面。至此，「環翼京師」的順永保地區成為京師股肱。

3.1.1.4　河海完善期（1404～1408 年）

由於明王朝遷都北京，以及配合成祖朱棣北征，由江南河運、海運糧食給養至通州等處事務日益繁忙，加之海面又有倭寇活動，為鞏固運河漕防和海防，從永樂二年（1404）起在濱海的直沽口建起天津衛城。

> 自山後諸州棄以與人，則居庸之外即宣府為藩鎮，廣平以南，水陸畢會於臨清，而天津又海運通衢也。〔註3〕

接著又加強京南控制運河的通州諸衛，並在短短幾年時間裏在武清、撫寧等永平附近地區多置衛所，以鞏固山海衛後方和翼側。

以上述這些衛所城市為依託，順永保地區屏翰京師，北防邊外，東接遼東，西護皇陵，南保河海的戰略地位逐漸成型確立起來。

3.1.1.5　側翼完善期（1409 年以後）

出於對京師周邊地區的整體協調等考慮，永樂七年（1409）開始在京畿西南，順天府與永平府的適中位置涿州建涿鹿諸衛，並繼續在保定府建衛加強。此時，將順永保地區的衛所城市基本連成一體，結成了具有共同戰略目標漸俱規模的城市防禦體系。

〔註2〕欽定四庫全書，子部，雜家類，雜說之屬，春明夢餘錄，卷四十三。
〔註3〕欽定四庫全書，子部，類書類，圖書編，卷三十五。

當然，儘管此時已經加強了京師的西南方向，但當時決策層的戰略預期仍然是滯後於北邊整體防禦形勢變化的。

至明正統十四年（1449 年），瓦剌也先率軍突破大同入寇，在居庸關外宣府境內的土木堡一戰，擊潰明朝號稱五十萬大軍，俘獲御駕親征的明英宗朱祁鎮，隨後又兵分三路直驅北京：一路攻居庸關未克，一部攻古北口未果，也先率主力迂迴攻破紫荊關。儘管明軍在于謙等領導下贏得了北京保衛戰的勝利，但是瓦剌的這次進犯京師卻給明廷以極大震動，也顯示出了順永保地區城市防禦體系的諸多問題。特別是京師以西方向重要關隘的備禦不足，受到極大的重視，「然以宣大山西爲外蔽，虜患稍緩。正統己巳之變。嘗遣京營兵駐守諸關隘。」〔註4〕。在第二年（1450），在紫荊關、倒馬關、白羊口（居庸關西側）等建關城各置千戶所，並將保定府的茂山衛徙至易州，於背後策應。至此，順永保地區東西兩翼在衛所城市的屏護之下基本穩固。

> 國初，設大寧都司、營州等衛。與遼東、宣府東西並建，爲外邊。又起古北口，至山海關，增修關隘，爲內邊。永樂間，移大寧都司於保定。散置營州等衛於順天之境。以其地處兀良哈降夷，分置朵顏、泰寧、福餘三衛。每年朝貢互市，永爲藩籬。自後部落日蕃，夷情譎詐。往往爲北虜向道。嘉靖中，虜入古北口，徑薄京城。
>
> 〔註5〕

其後的數十年，又根據正面局部容易被北騎突破的弱點，在居庸以東與兀良哈三衛僅隔一山的渤海、潮河川等地築城各置千戶所，並在一些要害增強既有衛所實力。

表 3.1.1　明代順、永、保地區主要衛所城市建置過程簡況〔註6〕

分　　期	衛　所　建　置	建置主要相關城市
創設期 （1370～ 1389 年）	洪武二年（1369）：置燕山都衛	
	洪武三年（1370）：建永平衛	永平府城●
	洪武四年（1371）：建密雲中衛	密雲城●
	洪武四年（1371）：建薊州衛	薊州城●

〔註4〕《明會典》卷一百二十九‧鎮戍四，各鎮分例一。
〔註5〕《明會典》卷一百二十九‧鎮戍四，各鎮分例一。
〔註6〕牛平漢編著，明代政區沿革綜表，北京：地圖出版社，1997：374～386。

	洪武八年（1375）：改燕山都衛爲北平都指揮使司	
	洪武十一年（1378）：建遵化衛	遵化縣城●
	洪武十一年（1378）：建密雲千戶所（後改密雲後衛）	古北口城◎
	洪武十四年（1381）：建山海衛	山海衛城◎
	洪武二十年（1387）：置北平行都司	大寧城
	洪武二十二年（1389）：置屬夷朵顏福餘泰寧三衛	
	洪武二十二年（1389）：置寬河所	遵化縣城
屯種強化期（1396～1402年）	洪武二十九年（1396）：徙來開平中屯衛	灤州西城◎
	洪武三十三年（1400）：建神武中衛於通州；	通州城●
	洪武三十五年（1402）：建隆慶衛（後改延慶衛）	居庸關城◎
	洪武三十五年（1402）：徙來鎮朔衛	薊州城●
	洪武三十五年（1402）：徙來定邊衛	通州城
	洪武三十五年（1402）：徙來東勝左衛	永平府城
	洪武三十五年（1402）：徙來東勝右衛	遵化縣城
內撤鞏固期（1403～1406年）	永樂元年（1403）：詔大寧城與屬夷兀良哈三衛住牧，	大寧城
	永樂元年（1403）：建忠義中衛	遵化縣城
	永樂元年（1403）：徙來興州左屯衛	玉田縣城●
	永樂元年（1403）：徙來興州右屯衛	遷安縣城●
	永樂元年（1403）：徙來興州中屯衛	良鄉縣城●
	永樂元年（1403）：徙來興州前屯衛	豐潤縣城●
	永樂元年（1403）：徙來興州後屯衛	三河縣城●
	永樂元年（1403）：裁北平都指揮使司	
	永樂元年（1403）：徙來大寧（北平行）都司	保定府城
	永樂元年（1403）：建保定左衛	保定府城
	永樂元年（1403）：建保定右衛	保定府城
	永樂元年（1403）：建保定中衛	保定府城
	永樂元年（1403）：建保定前衛	保定府城
	永樂元年（1403）：建保定後衛	保定府城
	永樂元年（1403）：徙來營州左屯衛	順義縣城●
	永樂元年（1403）：徙來營州右屯衛	薊州城

	永樂元年（1403）：徙來營州前屯衛	香河縣城●
	永樂元年（1403）：徙來營州後屯衛	三河縣城●
	永樂元年（1403）：徙來營州中屯衛	平谷縣城●
河海完善期（1404～1408 年）	永樂二年（1404）：建天津衛	直沽口城（天津衛）◎
	永樂二年（1404）：天津左衛	
	永樂三年（1405）：建撫寧衛	撫寧縣城●
	永樂四年（1406）：置通州衛	通州城
	永樂四年（1406）：置武清衛	武清縣●
	永樂四年（1406）：置天津右衛	直沽口城（天津衛）
	永樂四年（1406）：置盧龍衛	永平府城
	永樂中置通州左、右衛	通州城
	永樂六年（1408）：建梁城所	梁城所◎
側翼完善期（1409 年以後）	永樂七年（1409）：建茂山衛	保定府城
	永樂七年（1409）：建涿鹿衛	涿州城●
	永樂七年（1409）：置涿鹿左衛	
	永樂十七年（1419）：置涿鹿中衛	涿州城
	景泰元年（1450）：置倒馬關所（眞定衛中千戶所）	倒馬關城◎
	景泰元年（1450）：置白羊口所（涿鹿中衛後千戶所）	白羊城◎
	景泰元年（1450）：置紫荊關所	紫荊關城◎
	景泰元年（1450）：徙治茂山衛	易州城●
	弘治十六年（1503）：建渤海所	渤海城◎
	弘治十七年（1504）：建潮河所	潮河城◎
	正德十六年（1521）：建鎮邊城守禦千戶所	鎮邊城◎
	萬曆元年（1573）：徙治忠義中衛	三屯營城（順永保）◎

（●元代既有；◎明代新築）

　　總體來看，在明代順永保地區的沿邊衛所城市中，延續前代府、州、縣城的非實土衛所城市有 19 座，而明代新建的實土衛所城市只有 13 座，衛所等軍事相關人員的城市生活面貌受到原有居民的影響較大。儘管如此，在順永保地區的非實土衛所城市中，駐軍相關人員占居民總數的比例仍然非常

高，以非實土衛所城市易州的實例來看，明代中前期始終保持在 1 / 2 至 1 / 2.5 之間。

表 3.1.2　明代保定府易州城戶口規模〔註7〕

時　　間	總戶數	民戶數	軍戶數	雜役戶數	軍戶／總戶數
景泰三年	7,598	4,085	3,070	443	1／2.47
成化八年	4,930	2,144	2,244	165（又畸零戶 377）	1／2.20
成化十八年	4,557	2,139	2,253	165	1／2.02

3.1.2　順天、永平、保定地區衛所城市分佈情況

　　順永保地區衛所城市的特點是原有城市密度較高，附郭府、州、縣的非實土衛所城市占其中的大部分。這些城市大多延續了前代的舊城址，甚至很多是在元代之前就建立起來的，而在舊有的城市體系中，在故元大都周邊的各城，基於自身及地區防禦的考慮其實並不突出，其分佈可能更多地是考慮了當地生產結構和經濟條件以及基本交通聯繫。而在明代，以此為邊地備禦北邊的整體職能是逐漸全新構建起來的。

　　大量非實土衛所城市集中在北京周邊順天地區，由於此地原有城市密度就非常高，這些城市（尤其在平坦開闊地區）的間距多在 60～90 里左右，各城之間的往來聯繫也就更密切，遇事騎行一日可達；而以東的永寧地區和西南方的保定地區，不但衛所城市數量較少，城市間距也多在 120 里以上，而且，有關衛所城市繁榮程度有限，只是作為防禦要點或鞏固重要戰略方向的作用非常突出。

　　明代在順永保地區新建的衛所城市均由獨立的實土衛所建置，而且均分佈在地區周邊並不富庶但是重要的防禦方向，如面對渤海的天津衛城、梁城所等；負山面海的山海衛城、撫寧衛城；控扼古北口方向的密雲後衛城及潮河所城；備禦喜峰口等的三屯營城，鞏固居庸關方向的渤海所城、鎮邊城、白羊口城等；以及首當要衝的紫荊關城、倒馬關城等。

　　總體來看，作為整體防禦性質突出的城市建置，順永保地區衛所城市體系呈現了間距均勻化和聯繫網絡化的傾向。

〔註7〕弘治《易州志》卷四・戶口。

圖 3.1.1　明代順永保地區衛所城市間距及分佈示意圖

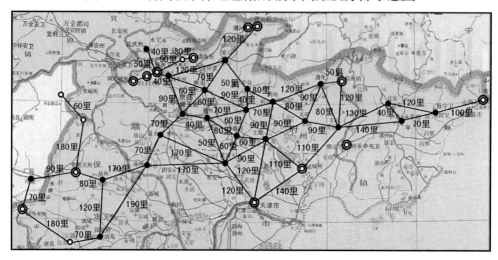

（底圖來源：《中國歷史地圖集》）

　　爲配合構成完善的城市防禦體系，一些沿邊的衛所城市也設立了由屯軍鎮守的城堡（可以理解爲純軍事性質的城市），其中大多都是沿邊牆針對山脈險隘設置的，而非沿邊城市設城堡較少。這可能有由於順永保地區城市密度較高的原因。另外，由於本地區以北、以西的燕山山脈和太行山山脈連綿不斷，山勢險峻，明代中期依山就勢修築的邊牆，相對易守難攻，順永保地區依託邊牆（長城）的防禦效果也是整個明代整個北邊最好的之一。

3.2　順天、永平、保定地區衛所城市平面形態

3.2.1　城市街道的平面模式

　　根據已掌握的有關城圖，順永保地區衛所城市的街道平面模式可見以下幾類：

3.2.1.1　簡單型

　　實例可見易州城，開東西 2 門，通過一條主乾道連接。本例特殊之處在於城周達 9 里 13 步，此較大規模的城垣也僅開 2 門。

圖 3.2.1　清代前期易州城圖

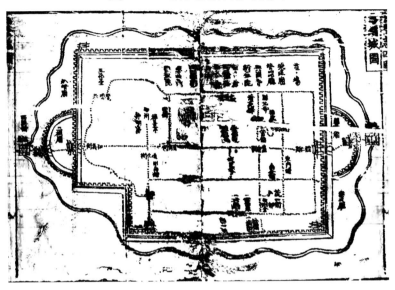

（資料來源：順治《易水志》）

3.2.1.2　十字街型

圖 3.2.2　明代豐潤縣城圖

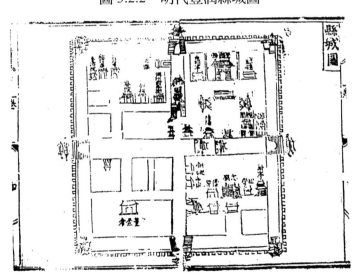

（資料來源：隆慶《豐潤縣志》）

圖 3.2.3　清前期順義縣城圖

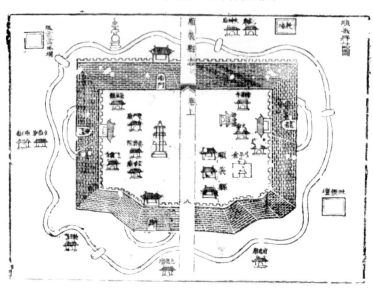

（資料來源：康熙《順義縣志》）

圖 3.2.4　清後期圖良鄉縣城圖

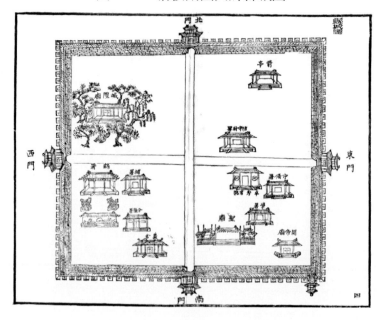

（資料來源：光緒《良鄉縣志》）

圖 3.2.5　明代撫寧縣城圖

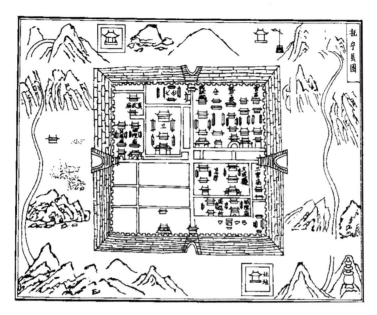

（資料來源：弘治《永平府志》）畫法爲上南下北）

圖 3.2.6　明代遷安縣城圖

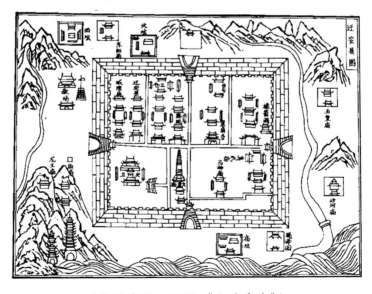

（資料來源：弘治《永平府志》）

圖 3.2.7　清代中期三河縣城圖

（資料來源：乾隆《三河縣志》）

圖 3.2.8　清代中期玉田縣城圖

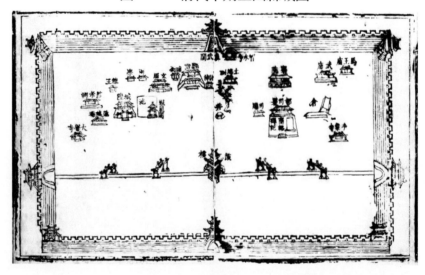

（資料來源：乾隆《玉田縣志》）

圖 3.2.9　清代前期遵化州治內圖

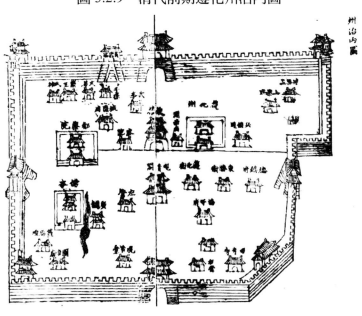

（資料來源：康熙《遵化州志》）

3.2.1.3　丁字街型

圖 3.2.10　清代前期天津衛城圖

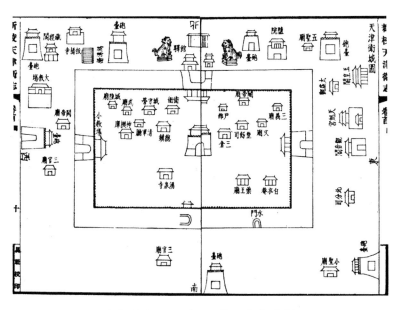

（資料來源：康熙《天津衛志》）

圖 3.2.11 清代前期薊州城舊圖

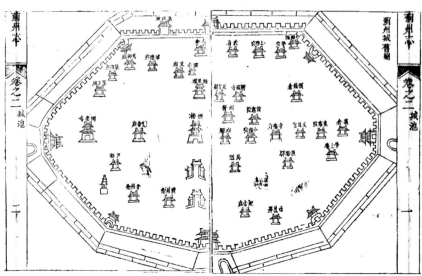

（資料來源：康熙《薊州志》）

圖 3.2.12 清代中期武清縣城圖

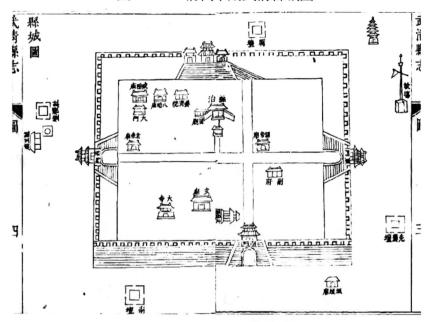

（資料來源：乾隆《武清縣志》）

3.2.1.4　錯位十字街型

圖 3.2.13　清中期平谷縣城圖

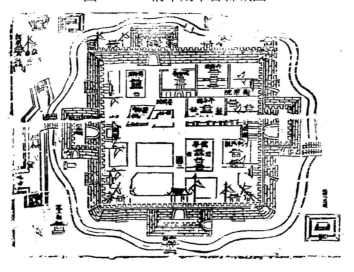

（資料來源：雍正《平谷縣志》）

圖 3.2.14　清後期香河縣城舊圖

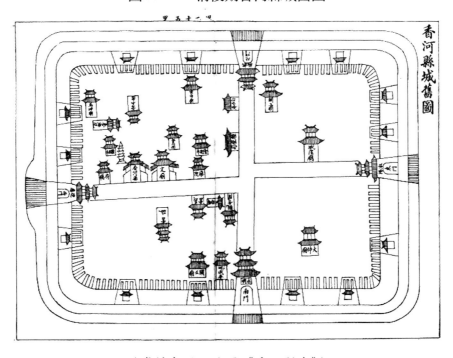

（資料來源：民國《香河縣志》）

圖 3.2.15 清前期保定府城圖

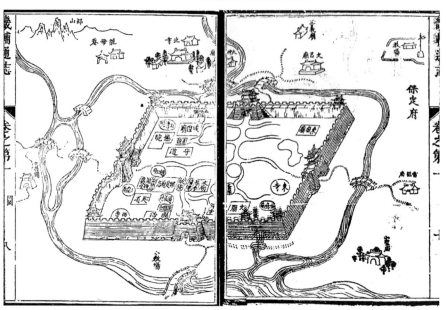

（資料來源：康熙《畿輔通志》）

圖 3.2.16 清中期期涿州城圖

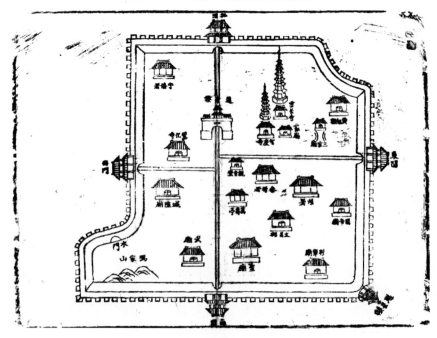

（資料來源：乾隆《涿州志》）

圖 3.2.17　明代山海關城圖

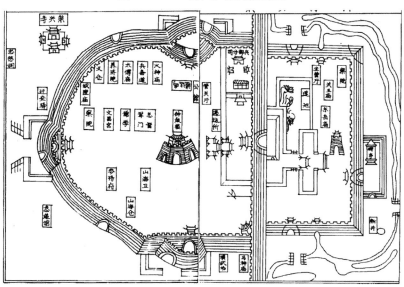

（資料來源：萬曆《永平府志》）

3.2.1.5　複雜型

圖 3.2.18　明代永平府圖

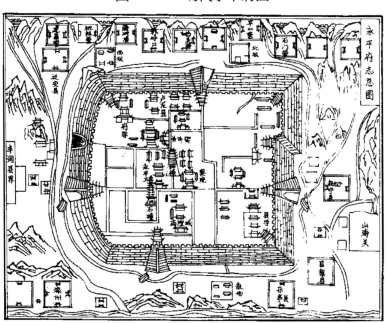

（資料來源：弘治《永平府志》）

圖 3.2.19　明代通州城圖

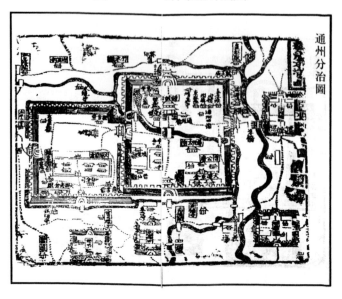

（資料來源：嘉靖《通州志略》）

　　永平府城和通州城各有 5 座城門，街道盤桓曲折。另外通州城內街道還可能受到穿城而過的河道影響。

3.2.1.6　其他個例

圖 3.2.20　清代後期古北口（明代密雲後衛）城圖

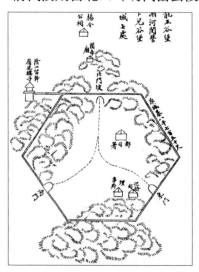

（資料來源：光緒《密雲縣志》）

密雲後衛城的城市平面及其街道情況，受到其要隘地形影響較大。

圖 3.2.21　清代後期寧河縣（明代梁城所）圖

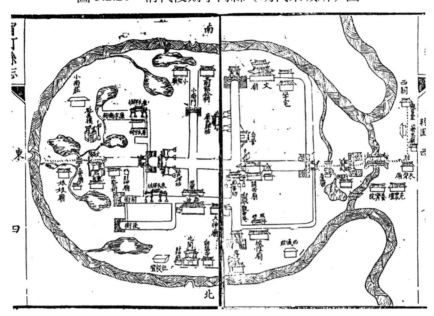

（資料來源：光緒《寧河縣志》）上南下北

梁城所因其地河汉縱橫，沒有外圍城牆，僅有大河環繞聚居地。

3.2.2　城牆規模與城門數量

明代順永保地區衛所城市城池規模及築城相關情況，如下表所示：

表 3.2.1　明代順永保地區主要衛所城市城池規模〔註8〕

城　市	城市規模	城高池深	築城情況	駐防軍隊規模〔註9〕
良鄉縣城	周圍 3 里 220 步。門 4	高 3.2 丈，池深 1.5 丈	正統中築土城，隆慶二年甃磚	興州中屯衛（永樂元年興州徙來）
香河縣城	周圍 7 里 200 步。門 4	高 2.3 丈，池深 1.5 丈	舊為土城，正德二年砌磚。嘉靖四十二年增高五尺。萬曆二十年復增高二尺	營州前屯衛（永樂元年營州徙來）

〔註 8〕參考康熙《順天府志》和康熙《畿輔通志》等。
〔註 9〕牛平漢編著，明代政區沿革綜表，北京：地圖出版社，1997：379。

通州城	周圍 9 里 13 步。門 4（新城門 2）	高 3.5 丈	洪武元年閏七月，……徐達定通州，督軍士修其城，甃以磚石。……正統間，……因西關廂置大運西南二倉，奏建新城以護之，亦甃以磚，高三丈二尺，周圍八里，連接新舊城〔註10〕	通州衛（永樂四年置）、神武中衛（建文二年置）、通州左、右衛（永樂中置），定邊衛（建文四年山西徙來）
三河縣城	方 6 里 8 步。門 4	高 2.5 丈，壕深 1.5 丈	（舊有外砌磚石）嘉靖二十九年增高五尺，四十二年又增五尺	興州後屯衛（永樂元年興州徙來）；營州後屯衛（永樂元年營州徙來）
梁城守禦千戶所（今天津寧河鎮）	無考			梁城守禦千戶所（永樂六年置）
武清縣城	周圍 1570 丈。門 3	2.7 丈；壕深 1.2 丈	正德六年築土垣。嘉靖二十二年截去曠地重築土城。隆慶三年甃茸	武清衛（永樂四年置）
涿州城	周圍 9 里有奇。門 4	高 40 尺，壕深 10 尺	（舊有）景泰初砌磚	涿鹿衛、涿鹿左衛（永樂七年置）；涿鹿中衛（永樂十七年置）
薊州城	周圍 9 里 30 步。門 3	高 3.5 丈，池深不一	舊爲土城。洪武四年甃磚	薊州衛（洪武四年置）鎮朔衛（建文四年山西徙來）營州右屯衛（永樂二年營州徙來）
玉田縣城	周圍 1220 步。門 4	高 2.7 丈；池深 1 丈	（舊有）成化三年包磚；隆慶己巳增高三尺	興州左屯衛（永樂元年興州徙來）
平谷縣城〔註11〕	周圍 600 丈。門 4	高 2.5 丈，塹深 1.25 丈	（舊有）成化丁亥增築之包以磚；嘉靖癸亥築高五尺	營州中屯衛（永樂元年營州徙來）
遵化城	周圍 6 里有奇。門 4	高 4 丈；池深 2 丈	（舊有）洪武十一年廓西隅（甃磚）	遵化衛（洪武十一年置）；寬河守禦千戶所（洪武二十二年置）；東勝右衛（建文四年東勝徙來）；

〔註10〕嘉靖《通州志略》卷二，城池。
〔註11〕康熙《平谷縣志》卷上。

豐潤縣城	周圍 4 里。門 4	高 2.5 丈，池深 1.25 丈	（舊有）正統天順間包磚未半，成化初竣；隆慶二年加五尺	興州前屯衛（永樂元年興州徙來）
順義縣城	周圍 6 里 110 步。門 4	高 2.5 丈，壕深 2 丈	（舊有）嘉靖二十九年修築磚城；隆慶二年增高五尺	營州左屯衛（永樂元年營州徙來）
密雲縣城	（舊城）周圍 9 里 13 步；門 3。（新城）周圍 1179 丈；門 3	高 3.5 丈，池深 2 丈	舊城創自洪武間；新城創於萬曆四年在舊城之東，相隔五十步〔註 12〕	密雲中衛（洪武四年置）
密雲後衛城〔註 13〕（古北口）	周 4 里 310 步，三角棱形，門 3		洪武十一年建	密雲後衛（洪武十一年置所，三十年，升為衛）
永平府城（盧龍縣附郭）	周圍 9 里 13 步。門 4	高 3 丈有奇。池深 2 丈	（舊有）洪武四年拓東而築之甃以磚石	永平衛 8（洪武三年置）；盧龍衛 7（永樂四年置）；東勝左衛 5（建文四年東勝徙來）
遷安縣城	周圍 5 里。門 4	高 3 丈，池深 2 丈	舊土垣。景泰中甃門以磚。北屬縣南屬衛	興州右屯衛（永樂元年興州徙來）
撫寧縣城	周圍 3 里 80 步有奇。門 4	高一丈五尺，池深一丈，高增 2.9 丈，池深 3 丈〔註 14〕	成化三年建，嘉靖四十二年增修	撫寧衛（永樂三年置）
開平中屯衛城（灤西 90 里）〔註 15〕	環 9278 尺。門 3	高 1.3 丈	永樂元年移置於灤之義豐里，成化二年易土城以磚焉	開平中屯衛（永樂元年以後徙來）
山海衛城	周圍 8 里 137 步。門 4	高 4.1 丈，池深 2.5 丈	洪武十四年創建.	山海衛（洪武十四年置）
保定府城	周圍 12 里 330 步。門 4	高 3.5 丈，池深 3 丈	（舊有）洪武三十五年以磚石甃	大寧都指揮使司（永樂元年大寧徙來）保定左右中前後衛（永樂元年置）

〔註 12〕康熙《密雲縣志》卷二‧城池。
〔註 13〕光緒《密雲縣志》卷二‧輿地。
〔註 14〕康熙《撫寧縣志》卷三‧城池。
〔註 15〕萬曆《灤志》卷六，城池。

易州城	周圍 9 里 13 步。門 2	高 4.2 丈，池深 1 丈	（舊有）萬曆五年甃以磚石	茂山衛（永樂七年置保定府，景泰元年徙來）
紫荊關城〔註16〕	舊城：長 380 丈；新城：長 608.5 丈		正統初年設立舊城一座，長 380 丈。景泰元年設立新城一座。	紫荊關所（景泰元年置） 眞武衛、神武衛（俱景泰三年調置紫荊關城內）
倒馬關城〔註17〕	上城周圍 764 丈，門 2；下城周圍 741 丈，門 3		上城：洪武初年設立；下城：天順末年修築	倒馬關所（景泰元年置）
白羊口城	周圍 762 丈。門 2	高 2.5 丈	原設舊城，景泰元年重建	白羊口所（景泰元年調涿鹿中衛後千戶所官軍守禦）
潮河城				潮河所（弘治十七年置）
渤海城	門 1			渤海守禦千戶所（弘治中置）
鎮邊城	周圍 681 丈。門 2	高 1.8 丈	正德十五年創立	鎮邊城守禦千戶所（正德十五年）
天津衛城	周圍 9 里 13 步。門 4	高 3.5 丈，無池	永樂二年築	天津衛、左衛（永樂二年置）；天津右衛（永樂四年置）
三屯營城〔註18〕	周1190丈。門 3	高 3 丈，池深 2 丈		忠義中衛

　　明代順永保地區衛所城市的正城城門數量只有三種情況，見下圖。

　　第一種情況，有 2 座城門。4 個實例中，有 3 城是位於要衝的在明代新建的實土衛所城市，由於其防禦要求較高，容易理解；另外 1 例是易州，城牆周回規模很大，其原因尚不明確。

　　第二種情況，有 3 座城門。有 6 個實例，但是其中並無明確的規律顯現出來，而且，各城的周回規模都在 5 里左右及以上。

〔註16〕《西關志‧紫荊關》卷一‧城池。
〔註17〕《西關志‧倒馬關》卷一‧城池。
〔註18〕《盧龍塞略》卷四，邊防表。

　　第三種情況，有 4 座城門。實例中，最小規模的城市是撫寧縣城，周圍 3 里 80 步；最大是保定府城，周圍 12 里 330 步。關於如此大規模的城市僅開四門，可能更多的還是城市防禦的考慮，另外，保定府城平面呈方形，四面開門，可能也能基本滿足城市基本的內外交通要求。

圖 3.2.22　明代順永保衛所城市城門數量與城牆周回關係示意圖

城門數量與城牆周回的關係示意圖

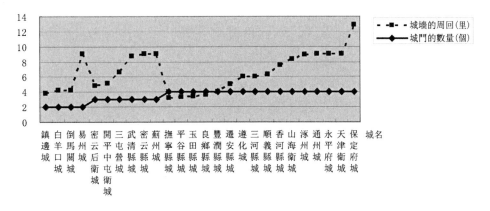

（資料來源：自繪）

圖 3.2.23　明代順永保衛所城市城池城牆高度

衛所城池城牆高度

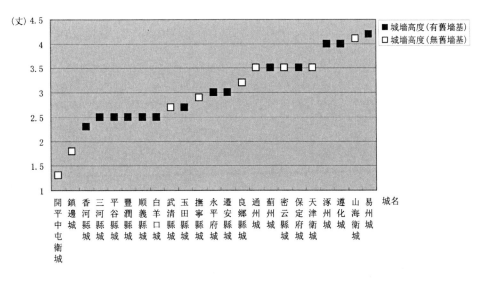

（資料來源：自繪）

　　總體來看，城門的數量是偏少的，尤其一些規模較大的城市更為明顯。

　　如上圖所示，總體來看，明代順永保地區大多數衛所城市的城牆高度與城牆是否有舊城基關聯不大。甚至在城高 2.5 丈的範圍，均是有舊城基的城池，新築城池的大多數城高均高過了 2.5 丈。但是，當關注最低和最高城高的時候，還是可以有一點發現，實例中最低城高的城池分別屬於開平中屯衛城和鎮邊城，都只有一丈多高，均是新築的實土衛所城市，經濟條件有限。而超過 4 丈城高的有 4 個實例，其中有 3 個池是有舊城基的，且均為非實土衛所城市，達到這樣的高度，還可能有其作為州縣城市的經費和人力資源充足的原因。

圖 3.2.24　明代順永保衛所城市城牆周回與駐防軍隊的規模

城市與駐防軍隊的規模關係

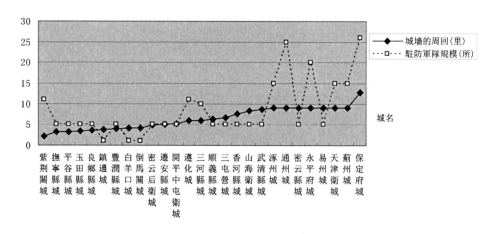

（資料來源：自繪）

　　如上圖所示，在順永保地區，衛所城市的城牆高度與駐軍規模之間沒有非常明確的相互影響關係。

　　由於本地區大部分是附郭於府、州、縣的非實土衛所城市，衛所之外的民戶應當占多數，因此，這些衛所城市的規模主要決定於非軍事職能的經濟形態。

　　但本地區的衛所城市仍具有一定特點，例如有 1 個衛建置的城市分佈很廣，其城牆周回規模最大可達 9 里（易州城），最小可為 3 里多（撫寧縣城），這表明很多城市的衛所屯軍較多，可能也只有依託京師（或該城市屯田富庶），才能供養如此大規模的軍隊員額。

3.2.3　主要建築的分佈方位

明代順永保地區衛所城市的主要建築的分佈位置可見下表。

表 3.2.2　明代順永保地區衛所城市主要建築在城市中的分佈位置

城　市	主要文官署〔註 19〕	主要武官署	儒學〔註 20〕	壇　壙	城隍廟
良鄉縣城	良鄉縣：在城內正北	興州中屯衛：在縣治東	在縣治東南（明建）城內東南隅	社稷壇：在北門外西北；風雲雷雨山川壇：在南門外東南臺上；厲壇：在北門外正北	在西門內
香河縣城	香河縣：在城內西街	營州前屯衛：在縣治東	在縣治東（明建）		
通州城	通州：在城內北門迆西	通州衛：在州治南；通州左衛：在衛東南；通州右衛：在州治東南；神武中衛：在州治南	在州治西（舊有）	社稷壇：在州北門外；風雲雷雨山川壇：在州南門外南臺；厲壇：在州北門外；順天府郡厲壇：北關外	在州舊城西南隅
三河縣城〔註 21〕	三河縣：在城內正北（在城西北隅）	興州後屯衛：在縣治西；營州後屯衛：在縣治東南	在縣治西南（舊有）	風雨雷雨壇：在縣南門外；山川社稷壇：在縣北門外；邑厲壇：在縣北門外	在縣治西南
梁城守禦千戶所〔註 22〕	無城池，四面環水，其西架石爲橋以通往來	寶坻縣東南 140 里縣署在城內正北，舊屬梁城所千總署	明代無	明代無	在縣治北街
武清縣城〔註 23〕	武清縣：在城內正北	武清衛：在縣治東	在縣治南（明建）	社稷壇：在南門外；風雲雷雨山川壇：在南門外；邑厲壇：在郭外西南隅	

〔註 19〕康熙《畿輔通志》卷八，公署。
〔註 20〕康熙《畿輔通志》卷六，學校。
〔註 21〕乾隆《三河縣志》。
〔註 22〕光緒《寧河縣志》卷三。
〔註 23〕光緒《武清縣志》。

涿州城〔註24〕	涿州：在城內東南隅	涿鹿衛：在州治西北；涿鹿左衛：在州治西；涿鹿中衛：在涿鹿左衛西	在州治西南（舊有）	郡社郡稷壇：在州北郭外；風雲雷雨山川壇：在州南郭外；郡厲壇：在州北郭外	在州城內西南隅
薊州城	薊州：在城內東北	薊州衛：在州治東北；鎮朔衛：在薊州衛西；營州右屯衛：在州治北	在州治西北（明建）		
玉田縣城〔註25〕	玉田縣：在城西北隅	興州左屯衛：縣治東南	在縣治西（明建）	社稷壇：在城西北；風雲雷雨山川壇：在城南；邑厲壇：在城北	在縣治西
平谷縣城	平谷縣：在城內東街	營州中屯衛：在縣治東	在縣治南（舊有）	社稷壇：在城外西北；風雲雷雨山川壇：在城外東南；邑厲壇：在城外正北	在縣治北
遵化縣城〔註26〕	州治：在城之東北隅	遵化衛：在州治南；東勝右衛：在遵化衛西；忠義中衛：在州治東南；寬河守禦千戶所：在州治南	在州治西南（舊有）武學在州治西北	社稷壇：在州西北二里；風雲雷雨壇：在州南二里；郡厲壇：在郡北一里	郡治西北
豐潤縣城〔註27〕	豐潤縣：在城內東北隅	興州前屯衛：在縣治西	在縣治東南（舊有）	社稷壇：在郭北門外西；風雲雷雨壇：在郭南門外；厲壇：在郭北門外高阜上	在縣治西
順義縣城	順義縣：在城內正北	在順義縣治東〔註28〕	在縣治西（明建）	社稷壇：在城西門外；風雲雷雨壇：在城東門外；厲壇：在北門外	在西門內文廟右側

〔註24〕康熙《涿州志》。
〔註25〕乾隆《玉田縣志》。
〔註26〕康熙《遵化州志》卷三·公署。
〔註27〕隆慶《豐潤縣志》。
〔註28〕欽定四庫全書，史部，地理類，總志之屬，明一統志，卷一。

密雲縣城	密雲縣：在城內西街	密雲中衛：在縣治東；	在縣治東（舊有）	社稷壇：在縣西三里；風雲雷雨壇：在縣南一里；屬壇：？	在城西門內
密雲後衛城（古北口）		密雲縣東 120 里			城內東街〔註29〕
永平府城（盧龍縣附郭）	永平府：在城內平山上（城中偏西）	永平衛：在城內正南	在府治西北（舊有）	社稷壇、風雲雷雨山川壇：俱在府南；郡屬壇：在府北半里	在府治東南
遷安縣城〔註30〕	在城內西北	興州右屯衛：？	在縣治東（明建）	社稷壇：在城外西北隅；風雲雷雨山川壇：在縣南關外；屬壇：在縣北關外	在縣治西
撫寧縣城〔註31〕	縣署：在城內東北	撫寧衛：在縣治西南	在縣治東南（明建）	社稷壇：在縣西門外；風雲雷雨壇：在南門外半里路東；郡屬壇：在北門外迤西	在城東南隅
山海衛城		衛治：鼓樓之右	在衛治西（明建）前廟後學	社稷壇：在西羅城北門外；風雲雷雨壇：在西羅城南門外；屬壇：在鎮城北門外〔註32〕	在城西北
保定府城	保定府：在城內正中	大寧都司：在府治西；左右中前後衛：在府治西	在府治東南（舊有）	社稷壇：在府城西北；風雲雷雨山川壇：在府城南郭外；郡屬壇：在府城北關	在府治北
易州城〔註33〕	易州：在西門內（城西北隅）	茂山衛：州治東南五百步許	在州東南。在州治南（舊有）	社稷壇：州治西北一里；風雲雷雨山川壇：州治南一里；州屬壇：在州治北五十步	在州治東北五百步

〔註29〕康熙《密雲縣志》卷二・寺廟。
〔註30〕同治《遷安縣志》。
〔註31〕光緒《撫寧縣志》卷四・公署。
〔註32〕康熙《山海關志》卷六・壇壝。
〔註33〕弘治《易州志》卷三。

紫荊關		新城守禦千戶所公廨一所在街北〔註34〕		
天津衛城〔註35〕		天津衛：在南門裏西；天津左衛：在天津衛東（在東門裏）；天津右衛：在天津衛西（在三皇廟前）	（東門內）在左衛東（明建）	社稷壇：在城西；風雲雷雨山川壇在城南；厲壇在城北。〔註36〕	

根據有關情況，明代順永保地區衛所城市主要建築分類方位統計如下：

（1）主要文官署（僅附郭的非實土衛所城市中存在）

分佈在城中正北、東北、西北向的各有 4 例；在城內居中和在正西向的各有 2 例；另外，正東和東南向各有 1 例。

圖 3.2.25　明代順永保衛所城市中主要文官署方位

衛所城市中主要文官署分布方位趨勢圖

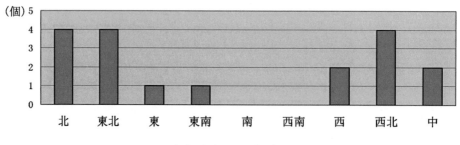

（資料來源：自繪）

（2）主要武官署

在城中東北向的最多，有 6 例；其次是正東向的，有 5 例；正北和正南向的各有 4 例；居中和西北向的各 3 例；正西和西南向的各有 2 例；東南向的 1 例。

城內各個方位都有主要武官署分佈，居東北和正東向的最多，很可能其中包含了某種分佈趨勢，但尚無準確的理由。

〔註34〕《西關志‧紫荊關》卷三‧公廨。

〔註35〕康熙《天津衛志》卷三。

〔註36〕乾隆《天津府志》卷十，壇壝。

圖 3.2.26　明代順永保衛所城市中主要武官署方位

衛所城市中主要武官署分布方位趨勢圖

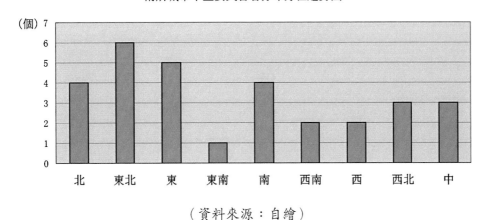

（資料來源：自繪）

（3）儒學

實例中，居東南、西北、正西向的各有 4 例；正東向 3 例；正南和正北向各 2 例；居西南向的 1 例。

圖 3.2.27　明代順永保衛所城市中儒學方位

衛所城市中儒学分布方位趨勢圖

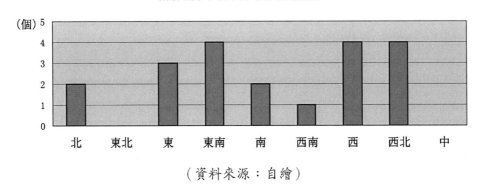

（資料來源：自繪）

（4）社稷壇

分佈在城外西北向者較多，有 7 例；正北向的有 5 例；正西向的有 3 例；在正南的有 2 例子。假如可以將西北、正北、正西統稱為西北方向的話，那麼，本地區的社稷壇主要分佈在城外西北方向的情況，應屬於優勢傾向。

圖 3.2.28　明代順永保衛所城市中社稷壇方位

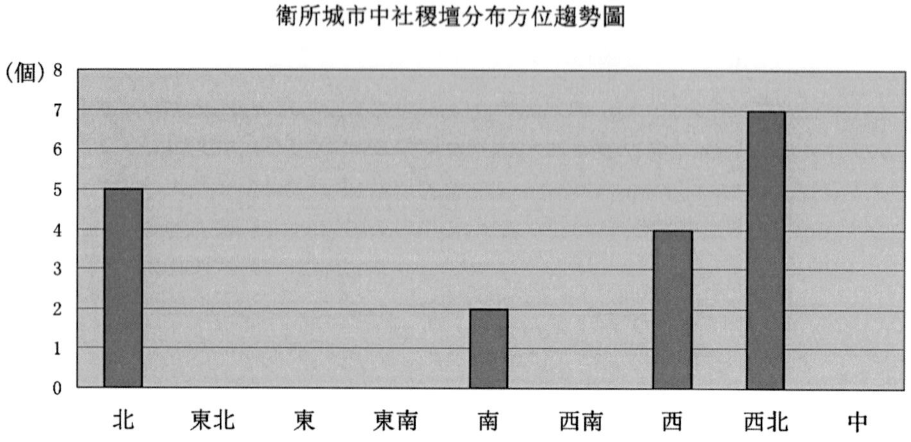

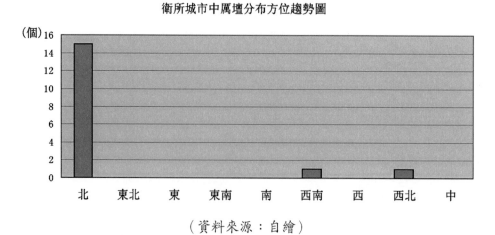

（資料來源：自繪）

（5）厲　壇

　　絕大多數都在城外正北方向，共有 15 例，西北、西南各見有 1 例。厲壇建於城外正北，應當是一種本地區共識性的觀念。

圖 3.2.29　明代順永保衛所城市中厲壇方位

衛所城市中厲壇分布方位趨勢圖

（資料來源：自繪）

（6）風雲雷雨山川壇

　　選擇在城外正南方向是最大多數，有 13 例。東南向有 1 例，正東和正西向各有 1 例。顯然，風雲雷雨山川壇的分佈在南向，也是普遍接受的。

圖 3.2.30　明代順永保衛所城市中風雲雷雨山川壇方位

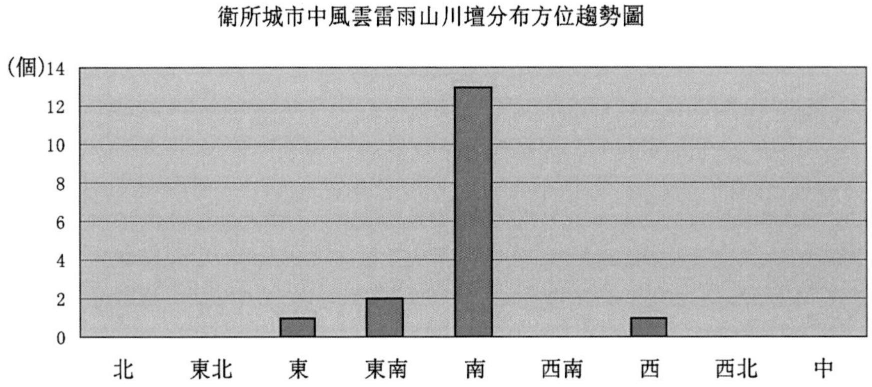

衛所城市中風雲雷雨山川壇分布方位趨勢圖

（資料來源：自繪）

（7）城隍廟

在城中西北方向最多，有 6 例，其次是正西向，有 4 例；正北有 3 例；東南和西南方向各有 2 例；東北和正北向各有 1 例。

由於本地區的實例數量較多，以上統計反映相關的分佈方位趨勢會更明晰一些。

圖 3.2.31　明代順永保衛所城市城隍廟方位

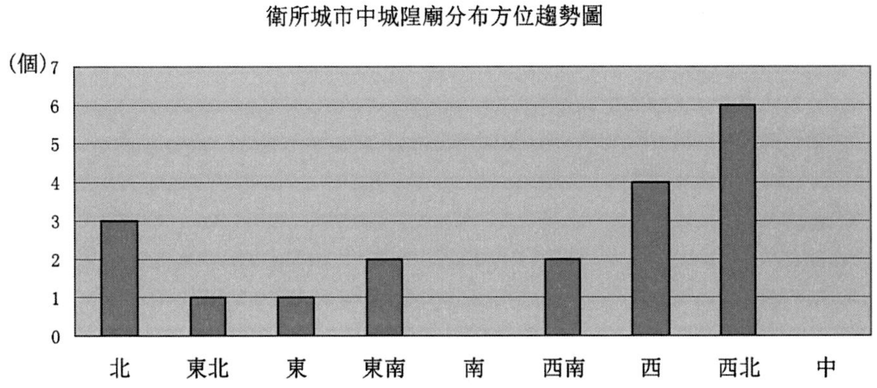

衛所城市中城隍廟分布方位趨勢圖

（資料來源：自繪）

3.3 小 結

順天、永平、保定地區衛所城市體系創設於明洪武初，當時由於北部有大寧、開平等都司衛所作爲藩籬，完全等同於一般的內地。經過洪武末年永樂初年開始的衛軍屯種及外圍衛所退守於此，作爲京師肱股和臨邊衛所城市密集地區，不斷在各個主要防禦方向加以完善，並在景泰年間基本定型。

順永保地區衛所城市的特點是非實土衛所眾多，城市密度高，城市所轄衛所軍力多。京師附近衛所城市間距多在 60～90 里左右，往外圍方向間距增大至 120 里以上，在地區周邊的要衝險隘建有一大批所城。

城市的街道平面模式齊全，所見實例除了已歸納的五種模式，還有較特殊的城市平面和無城牆的城市等。

爲加強防禦水平，城市的城門的數量總體偏少，城市規模越大則更明顯。

城高超過 4 丈的城池大部分都是有舊城基的，明代新築城牆的高度一般。

本地區主要建築的分佈方位，實例顯示明確的有：在城外正北向的屬壇、在城外正南向的風雲雷雨山川壇。社稷壇在城外西北向和正北向的是大多數；城隍廟多在城內在西北向和正西向。

第4章 宣府、大同、山西三關地區： 萬全都司、山西行都司與山西 都司沿邊衛所城市建築

4.1 宣府、大同、山西三關地區衛所城市體系

明代後軍都督府所轄萬全都司、山西行都司、山西都司各領衛所屯戍在北部邊境宣府、大同和山西三關地區。其中，萬全都司治宣府，領 15 衛，千戶所 7；山西行都司治大同，領 14 衛，千戶所 3；山西總兵治偏頭（多治於此），在三關地區建置 2 衛，千戶所 6。

明代宣府地區大致相當於今河北省張家口市大部，北倚燕山山脈控御沙漠，向南屏障京師，東挹居庸關之險，西連大同之防禦。宣府地區本身處於燕山餘脈山地上，多列大山排列期間，控制著白河、洋河、桑乾河等多條流經北京的大河河谷地帶。臨邊險隘有張家口、西陽河、獨石、葛峪、四海治等多處。

大同地區包括今山西省雁門關以北的大同市和朔州市全部，東連宣府，南藩障三晉，西臨黃河河套，北控沙漠。由於大同三面臨邊，川原平衍，尤其面對北邊方向無天然屏障，自古即是用武之地，也是明代北方敵人大舉進犯的主要目標，成為整個北邊防禦的重點地區，號稱「大同士馬甲天下」。

山西三關地區主要位於大同之南雁門關東西兩翼的恒山、管涔山山地及以南山西代州等縱深地區，作為北邊要害之地的第二道防線，以外壯大同之藩維，以內固全晉之鎖鑰。東路為雁門關，據北樓口、平刑關等要隘，中路寧武關，有陽方口等要衝，西路偏頭關，突出黃河河套僅一水之隔。

國家奠鼎燕京，肘腋晉朔所恃為內蔽者，獨宣大山西三鎮耳，
宣大古雲中上谷地，山以西古并州境也，北鄰大漢，西瞰套虜，自
古稱戎馬之境，我成組三犁虜庭，宿重兵於三鎮以聲勢喝虜。〔註1〕

在明代，宣府、大同和山西三關地區的衛所城市構成了一個完整的城市
防禦體系藩屏京西。

4.1.1　宣府、大同、山西三關地區衛所城市體系的形成過程

4.1.1.1　宣府地區

洪武元年，大將徐達攻佔元大都，元順帝逃奔上都開平。次年，常遇春
等率軍取開平、興和，元主又逃亡應昌。洪武三年，李文忠等率軍進取應昌、
宣德、雲州及附近地區，即明代宣府地區，元主北遁。這期間，明軍所及之
地，「諸郡縣皆附，因徙其民如居庸關，諸郡縣廢，特遣將卒番守之」〔註2〕。
廢州縣的同時，明軍隨之先後建置開平衛、興和守禦千戶所、懷來守禦千戶
所（後改衛）等衛所逐步防禦鞏固這一地區。宣府地區有很多燕山山脈的構
造盆地，相對水土氣候條件優良，適合農耕，便於分地築城集結軍隊。

（洪武）二十五年都督劉真指揮使李彬來行障塞，歷宣德、興
和、雲州、大興、保安、龍慶、懷來諸處，度量城隍增設險隘。」

〔註3〕

到洪武二十六年，明王朝已大規模地在宣德（宣府）、懷安等地分設十衛，
新築萬全右衛城、左衛城等，協同此前在東部永寧縣城建置的永寧衛，共同
隸屬北平都指揮使司。亦應有配合谷王在宣府就藩（後徙）的考慮。此時，
宣府地區衛所城市體系初具規模。

永樂初，隨著宣府東北部的藩籬大寧棄守，按照永樂帝的安排，居庸關
附近得到鞏固，與宣府地區呼應。至永樂二十年，宣府西北的興和所城被阿
魯台攻陷而放棄，致使互為犄角深入北地的開平衛四面瀕敵，失去了有利的
戰略聯繫和防禦縱深，僅靠薄弱的驛路與宣府連接。

大寧既棄，則開平、興和不容於不失，宣德中移守獨石勢然
也。〔註4〕

〔註1〕　〔明〕楊時寧《宣大山西三鎮圖說》前言。
〔註2〕　嘉靖《宣府鎮志》卷一。
〔註3〕　《兩鎮三關志》卷三。
〔註4〕　欽定四庫全書，子部，雜家類，雜說之屬，春明夢餘錄，卷四十三。

到了宣德五年（1430），由於糧餉輸送艱遠，撤開平衛至宣府以北的獨石城建置，而開平遂廢。同時在宣府置萬全都司，收攏宣府地區的衛所統一指揮，以加強防禦，「宣德五年始建萬全都司，並各路衛所統攝之。」〔註5〕至此，大寧、開平、東勝反倒成為了韃靼、瓦剌及兀良哈等部族的進攻出發地，而宣府首當其衝。

> 國初與遼爲唇齒，設開平衛置涼亭等八驛接連獨石，後自大寧、興和淪棄異域，開平孤懸莫可犄角，乃移衛獨石，而宣、遼聲援遂絕，本鎮形勢紫荊控其南，長城枕其北，居庸左峙，雲中右屏，內拱陵京，外制胡虜，蓋屹然西北一重鎮焉。東自昌鎮界火焰山起西至大同鎮平遠堡界止，延袤一千三百餘里。〔註6〕

明廷爲應付危局，隨後在獨石側翼加強龍門衛城、龍門所城。並在萬全都司後方建置戰略據點新保安加強與居庸關的聯繫，「永樂十二年，置保安衛於廢州，十三年，復置保安州，移衛於漯家站（今河北省懷來縣新保安），故其城以新舊保安名，而至今保安州爲舊保安云。」〔註7〕還將原駐居庸關的延慶左、右兩衛分徙永寧縣城、懷來衛城，鞏固宣府側背。

> 國初、逐虜漠北。即元上都、設開平衛守之。置八驛。東接大寧。西接獨石。邊境無事。後以大寧畀虜。興和亦廢。開平孤立難守。宣德中、乃移衛於獨石。土木之變、獨石八城皆破。旋亦收復。
> 〔註8〕

至正統時土木堡大敗，宣府殘破之後，明廷汲取教訓，在獨石側翼建置雲州所城並密集築堡。成化弘治年間又在四海冶、長安嶺等險隘築城建置千戶所，防禦形勢才得以好轉。至此，背靠居庸關的宣府衛所城市體系基本完善。

〔註5〕　〔明〕楊時寧《宣大山西三鎮圖說》宣府鎮總圖說。
〔註6〕　〔明〕楊時寧《宣大山西三鎮圖說》宣府鎮總圖說。
〔註7〕　康熙《保安州志》卷一・制置考。
〔註8〕　欽定四庫全書，史部，政書類，通制之屬，明會典，卷一百三十。

圖 4.1.1　明代宣府地區城池城堡圖

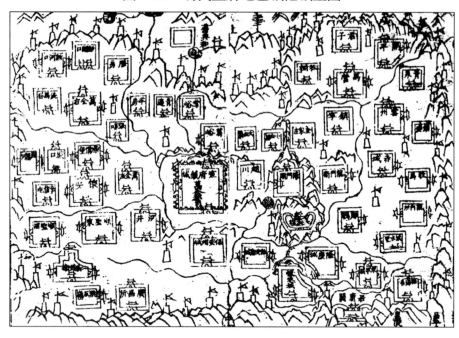

（資料來源：嘉靖《宣府鎮志》）

表 4.1.1　明代宣府地區萬全都司衛所城市建置過程〔註9〕

分　　期	衛　所　建　置	建置主要相關城市
初創期 （1392～ 1422 年）	洪武四年裁故元順寧府（宣府城前址）	
	洪武十二年（1392）：置永寧衛	永寧縣城●
	洪武二十六年（1392）：置宣府左衛	宣府城●
	洪武二十六年（1392）：置宣府右衛	
	洪武二十六年（1392）：置宣府前衛	
	洪武二十六年（1392）：置萬全左衛	萬全左衛城◎
	洪武二十六年（1392）：置萬全右衛	萬全右衛城◎
	洪武二十六年（1392）：置懷安衛	懷安城◎
	洪武三十年（1397）：置懷來所（永樂改衛）	懷來城◎
	永樂元年（1403）：置延慶左衛 永樂元年（1403）：置延慶右衛	居庸關城●

〔註9〕《四鎮三關志》卷一。

	永樂二年（1404）：置美峪所	美峪嶺城◎
	永樂十二年（1414）：置保安衛	保安舊城●
	永樂二十年（1422）：徙來興和所	宣府城
調整加強期（1430～1489年）	宣德五年（1430）：延慶左衛徙治永寧縣城	永寧縣城
	宣德五年（1430）：延慶右衛徙治懷來衛城	懷來衛城◎
	宣德五年（1430）：置開平衛	獨石城◎
	宣德五年（1430）：置萬全都指揮使司	宣府城
	宣德六年（1431）：置龍門衛	龍門衛城◎
	宣德六年（1431）：置龍門所	龍門所城◎
	景泰二年（1451）：保安衛徙治保安州城	保安州城（新保安）◎
	景泰五年（1454）：置雲州所	雲州堡城◎
	成化二十年（1484）：置四海冶所	四海冶所城◎
	弘治二年（1489）：置長安所	長安嶺堡城◎

（●爲元代既有；◎爲明代新築）

4.1.1.2　大同地區

大同地區在明代北邊位置重要，「東連上谷，西北迫虜，西南捍畿輔、晉陽，自昔華夷互爭之區，而在我朝爲京師陵寢右翼尤稱要害，迄今遂爲雄鎮焉。」〔註10〕而大同地區的衛所城市體系是在戰火中逐漸完善起來的。洪武初年，明軍兵進雲內、豐州（今內蒙古呼和浩特附近），在大同以北以西置東勝諸衛，高山、鎮虜、玉林、雲川等衛。此時，大同作爲內地，僅在大同府城、朔州城、蔚州城等要點較大城市建置衛所。

到洪武二十六年，協同宣府地區的衛所城市建置，並配合代王朱桂就藩大同府城，大同地區又在東北方向建置陽和衛、天成（城）衛，並加強大同府城的軍力，統歸山西行都司建制，並與宣府諸衛所城市聲勢呼應。

> 大同置鎮與宣府同，夫西北形勢重宣大，宣府之藩籬不固，則隆、永急矣，大同至門戶不嚴，則太原急矣，然宣大地方本相聯屬，以今京師較之，則京師以宣大爲障，而宣府又以大同爲障。我高皇帝汛掃腥臊，以大同川原平衍，虜易長驅，兼與保定山西相爲唇齒，特建重鎮，以爲倒馬、紫荊、雁門、寧武之扞設諸侯衛所錯落其間，各屯重兵以鎮壓之，而鎮撫其地者又嘗於九十里外築小城，曰小邊，

〔註10〕〔明〕楊時寧《宣大山西三鎮圖說》大同鎮圖說。

於百里外築大城，曰大邊。〔註11〕

此後，又根據邊境防衛形勢，在大同以南添設威遠衛城，又在應州城和渾源州城分置安東中屯衛各所。

永樂初年，大同府城西北的東勝左、右二衛、鎮朔衛、定邊衛撤守，徙至京師周邊後，大同府城以北的防禦漸漸力不從心，邊境形勢也開始惡化。

到正統年間，瓦剌大振。明廷被迫將雲川、玉林南撤入大同左、右衛所據鎮朔、定邊二衛舊城，鎮朔衛回歸以增強天城衛城；並將雲內、豐州的居民，全部遷往大同以南的應、朔二州，而大同以北數百里地完全放棄。

至此，大同地區的衛所城市體系初具規模。

明代山西行都司治大同府城，統轄的衛所城市都在大同府轄境內，除上述應、朔、蔚、渾源四州城外，山陰縣城、馬邑縣城、廣昌縣城、井坪城置獨立的守禦千戶所，還在懷仁縣城、聚落城、高山城分派隸衛千戶所備禦。大同府所轄府、州、縣，除了廣靈縣、靈丘縣深處腹地未置衛所外，均爲衛所城市。其中，蔚州及廣昌縣因地理位置較特殊，「外爲宣大內蔽，內爲畿輔外捍」，〔註12〕因此，其州縣屬山西大同府蔚州，衛所屬北直萬全都司。在本文中爲敘述方便，皆按大同。

> 大同川原平衍。尤當虜衝。國初、於鎮城外、分東中西三路。
> 北設大邊、二邊。遠近聯絡。歲久多圮、不能捍虜騎。遂棄不守。
> 二邊以內、殆爲虜巢。大同勢益急。嘉靖中、雖再更兵變。而五堡
> 竟成。備禦亦少固焉。〔註13〕

爲與衛所城市體系匹配，大同地區沿邊還築有大量軍事城堡，至嘉靖年間廣築城堡掀起高峰，又建五百多里邊牆分別與山西鎮老營堡接界，與宣府西陽河堡接界，守衛漸趨嚴密，「分茅樹屏，鑄印建牙，堅城如星，猛士如林。」〔註14〕到萬曆八年，又在其外加築大邊五百餘里並繼續大量築堡，至此，大同城市防禦體系依託衛所城市，以邊牆爲藩籬，基本穩固。

〔註11〕萬曆《山西通志》卷二四。

〔註12〕崇禎《廣昌縣志》卷上・地理志。

〔註13〕欽定四庫全書，史部，政書類，通制之屬，明會典，卷一百三十。

〔註14〕〔明〕廖希顏《三關志》，序三關志。

圖 4.1.2　明代大同府境圖

（資料來源：正德《大同府志》）

表 4.1.2　明代大同地區衛所城市建置過程簡況〔註15〕

分　　期	衛　所　建　置	建置主要相關城市
初創期 （1370～ 1398 年）	洪武三年（1370）：置大同左、右衛	大同府城●
	洪武三年（1370）：置蔚州衛	蔚州城●
	洪武四年（1371）：置大同都衛	大同府城
	洪武七年（1375）：置大同前衛	大同府城
	洪武八年（1375）：改大同都衛為山西行都司	
	洪武十年（1377）：置朔州衛	朔州城●
	洪武十三年（1380）：置廣昌所	廣昌縣城●
	洪武二十六年（1392）：置陽和衛	陽和衛城◎
	洪武二十六年（1392）：置天城衛	天城衛城◎
	洪武二十六年（1392）：置大同後衛	大同府城

〔註15〕牛平漢編著，明代政區沿革綜表，北京：地圖出版社，1997：397～405。

	洪武三十一年（1398）：置安東中屯衛	應州城／渾源州城（各 2 所）●
	洪武三十一年（1398）：置威遠衛	威遠衛城◎
調整加強期（1419～1522 年後）	永樂七年（1419）：大同左衛徙治鎮朔衛舊城	大同左衛城◎
	永樂七年（1419）：大同右衛徙治定邊衛舊城	大同右衛城◎
	宣德元年（1426）：徙來高山衛	陽和衛城
	宣德三年（1428）：置山陰千戶所	山陰縣城●
	宣德五年（1524）：置馬邑千戶所	馬邑縣城●
	正統十四年（1449）：徙來雲川衛	大同左衛城（鎮朔衛舊城）
	正統十四年（1449）：徙來玉林衛	大同右衛城（定邊衛舊城）
	正統十四年（1449）：徙來鎮朔衛	天城衛城
	成化十七年（1481）：置平虜衛	大同府城
	成化二十年（1484）：置井坪千戶所	井坪城◎
	嘉靖中：徙治平虜衛	平虜衛城◎

（●爲元代既有；◎爲明代新築）

4.1.1.2 山西三關地區

在洪武年間，以歷代名關——雁門關要衝爲全晉門戶，儘管其所轄區域爲內地，但因軍事地理意義重要，創爲二衛二所的基本規模。雁門所城控扼險隘，以寧化所城爲輔助，以振武和鎮西二衛建置的州城爲依託。

> 蓋以大同爲藩籬，以三關爲門戶，以岢嵐一帶爲庭除，以藩省諸郡縣爲堂室，是故大同以戰爲守擇要而屯兵，所以壯藩籬也，諸關以守待戰畫地而聯戍，所以固門戶也，又於岢嵐一帶振旅坐籌隨宜愼固，以全內障，則庭除亦有備而堂室可以無虞矣。〔註16〕

永樂以後，隨著明朝北部防線的內移，山西丫角山至河曲一線逐漸臨邊。保德州置千戶所保境安民。成化以後，隨著河套喪失，又因偏頭關首當其衝，屢被侵犯而築城建置千戶所，並沿黃河河防要地築堡，在雁門關東西兩翼築起內邊牆。

> 山西、在諸鎮稍稱內地。國初屯戍要害。虜住牧尚遠。外藉大同爲藩籬。內恃三關爲屏蔽。素少邊患。嘉靖中、虜寇太原。始改副總兵爲總兵鎮守。治偏關。尋移治寧武。隆慶初，虜陷石州。屠

〔註16〕萬曆《山西通志》卷二四。

掠尤慘。防禦益急。〔註17〕

　　弘治年間，大同屢被突破，而內邊牆多隘口告警，又築寧武城建置寧武
千戶所及衛所城市所屬大量城堡。嘉靖年間又在偏頭關側翼築城添設八角
堡、老營堡千戶所，以及沿邊城堡若干。此時，山西三關基本成型，實現對
太行山以東的屏障作用，山西三關與宣府、大同並譽為拱衛京師的重鎮，「全
晉之安危視三關，而畿輔以西大河以北安危視全晉，由是三關之守日嚴以
密。」〔註18〕

圖 4.1.3　明代山西三關以南地區府境圖

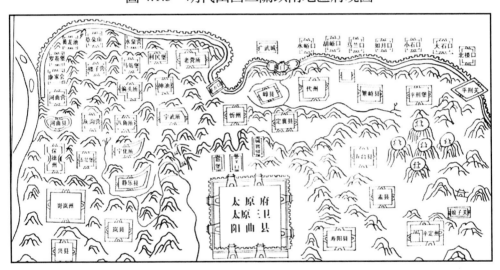

（資料來源：萬曆《太原府志》）

表 4.1.3　明代山西三關地區山西都司衛所城市建置過程〔註19〕

分　期	衛　所　建　置	建置主要相關城市
初創期 （1374～ 1390 年）	洪武七年（1374）：置鎮西衛	岢嵐州城●
	洪武十一年（1378）：置寧化千戶所	寧化城◎
	洪武十二年（1379）：置雁門千戶所	雁門所城◎
	洪武二十三年（1390）：置振武衛	代州城●

〔註17〕欽定四庫全書，史部，政書類，通制之屬，明會典，卷一百三十。
〔註18〕〔明〕廖希顏《三關志》，序三關志。
〔註19〕《四鎮三關志》卷一。

不斷完善期 （1432～ 1538 年）	宣德七年（1432）：置保德州千戶所	保德州城●
	成化十一年（1475）：置偏頭關千戶所	偏頭關城◎
	弘治十年（1497）：置寧武千戶所	寧武城◎
	嘉靖三年（1524）：置八角千戶所	八角堡◎
	嘉靖十七年（1538）：置老營堡千戶所	老營堡◎

（●爲元代既有；◎爲明代新築）

　　本文注意到明代大同府其轄境內的主要城市幾乎全部都有衛、所規模的駐軍。甚至有些重點城市，如大同府城、陽和衛城、天城衛城、大同左衛城、大同右衛城都曾有兩個以上的衛建置長期駐防。與一般內地城市一府設所，幾府設衛的情況不同，顯然上述幾座主要沿邊衛所城市駐軍數量均更多（萬名以上員額），甚至每縣幾乎均有一所。除卻各衛、所正軍員額，且每戶攜眷，並配有大量馬匹輜重，其中僅正德年間的騎操馬數量，即達31785 匹〔註 20〕。

表 4.1.4　明代大同府轄境主要城市戶口規模（戶口為正德七年數據）

城　　市	戶　數 〔註 21〕	口　數 〔註 22〕	旗軍額〔註 23〕	軍數／ 戶數	駐防軍隊規模 〔註 24〕
大同府城 （大同縣附 郭）	16,445（大 同縣另有 3,104）	155,381（大 同縣另有 29,726）	大同前衛：7,018 大同後衛：6,681	1／1.43	山西行都司大同 前後衛
懷仁縣	1,001	8,425	按 6216×1／5 〔註 25〕	1／0.81	安東中屯衛後所
朔州	916	6,667	6334	1／0.14	朔州衛
馬邑縣	564	5,739	1600	1／0.35	守禦千戶所
應州	2,372	20,627	按 6216×2／5	1／0.95	安東中屯衛（左、 右二所）
山陰縣	924	11,436	1524	1／0.61	守禦千戶所

〔註 20〕 正德《大同府志》卷五，武備。
〔註 21〕 正德《大同府志》卷四，戶口。
〔註 22〕 正德《大同府志》卷四，戶口。
〔註 23〕 正德《大同府志》卷五，武備。
〔註 24〕 正德《大同府志》卷一，建置沿革。
〔註 25〕 安東中屯衛共計 6216 員名，按所轄前、後、中、左、右五衛之平均數。

渾源州	1,658	16,436	按 6216×2／5	1／0.67	安東中屯衛中、前二所
蔚州	1,938	21,725	？	？	蔚州衛
廣靈縣	1,302	11,460			
靈丘縣	2,019	14,614			
廣昌縣	647	8,536	？	？	守禦千戶所
陽和衛城（高山衛附）			陽和衛：5977；高山衛：5579		陽和衛、高山衛
天城衛城（鎮虜衛附）			天城衛：5671；鎮虜衛：5731		天城衛、鎮虜衛
大同左衛城（雲川衛附）			大同左衛：6,501；雲川衛：5,921		大同左衛、雲川衛
大同右衛城（玉林衛附）			大同右衛：6477；玉林衛：6051		大同右衛、玉林衛
威遠衛城			5204		威遠衛
平虜衛城			3313		平虜衛

　　除上表常備衛所駐軍外，每年還有由河南、山西都司前來夏冬兩班助防馬步軍，其中正德年間定例，每年輪班操備官軍（班軍）員額 15,664 員名〔註26〕。加上原額旗軍 87782 名，大同長期保有官軍數量均在十餘萬人，最多的時候，「先年原設旗軍一十三萬五千有奇，馬五萬一千有奇。嘉靖間，偶因一二歲邊事稍寧，遂議銷兵節餉，軍僅以八萬八千爲額，馬僅以三萬八千爲額」，（「原額馬步官軍一十三萬五千七百七十八員名〔註27〕」）而按照常備衛所駐軍數（對應軍戶數）與各府州縣實際民戶數之比來看，幾乎所有州縣軍戶數均高於民戶數，反映了大同地區衛所城市的軍事職能在城市生活中占主導地位。

　　再看宣府地區，其轄境內有較大規模駐軍的衛所城市爲絕大多數。而且衛所城市中的居民軍戶或軍人的比例極高，與駐軍有關的後勤和生活消費規模也均極大地佔據了城市經濟生活的重要地位，如明大學士楊榮所言：「當京師西北衝，寔爲重鎮，地鮮居民，惟卒伍之士以耿以守焉。」〔註28〕

〔註26〕正德《大同府志》卷五，屯田，每年輪班操備官軍。
〔註27〕《武備志》卷二百六，占度。
〔註28〕嘉靖《宣府鎮志》卷十七，祠祀考。

表 4.1.5　明代宣府地區衛所城市戶口規模（戶口數據為嘉靖時代）〔註29〕

城　　市	民戶數	官戶數	軍戶數	屯丁	軍戶／官戶	駐防軍隊規模
宣府鎮城	—	936	9,814	2,762	1／0.095	宣府前衛
	—	292	8,912	1,234	1／0.032	宣府左衛
	—	259	7,839	1,171	1／0.033	宣府右衛
	—	89	1,011	381	1／0.088	興和所
全鎮（衛所21，州2）〔註30〕	2,035	4,551	124,797			

　　作為兵家必爭之地，軍兵雲集戍守，這是宣府、大同、山西三關地區衛所城市與內地城市的重要不同。

4.1.2　宣府、大同、山西三關地區衛所城市分佈情況

　　宣府、大同、山西三關地區地域廣袤，元代及以前這個地區的農耕土地開發和城市聚集程度均不高，聚居人口和城市密度均較低。元末戰爭破壞和人口遷徙也造成了城市數量銳減。

　　以元末明初宣府鎮轄境的城鄉情況來說，《兩鎮三關志》卷三之「吏民內徙」一節提到：「元主雖奔，遺孽數出沒，且斥候未立，保聚為難，部徙吏民於內郡。或曰徙民曰祖皇不得已也，邊土為虜巢穴者，垂三百年矣，一旦空之，何得無擾，是故宋人不能有其地則生口是俘，國初不能已其害則吏民內徙。……國初山川之淪棄既深，州郡之紀綱掃盡，遺胡殘虜遍於郊原，已去而復來，既離而復合。」此時，很多區域之前都是當地各族居民的「牧地」，除了宣府城等寥落的幾座城市外，並無城市體系之建置可言，但是，這對北邊防禦而言則是致命的，「城池之建，在腹內為猶緩，而在邊疆則最急。當萬馬奔馳之際，雷轟電掣，非有高城深池以限，其衝突又何所不至哉！明正統土木之役，苟有一城斗大足以自守，雖敗衄不至已甚」〔註31〕

　　而山西行都司在明初統轄的衛所（在後期固定的邊外者不計）均附郭於大同地區故元遺留的州縣，其中的大部分均位於大同城側後（東南）位置，都司建置的大同府城則直接鄰邊，經常有「虜疾馳輒突至城下」的危機情況。

〔註29〕康熙《宣化縣志》卷四，戶口。
〔註30〕嘉靖《宣府鎮志》卷十三。
〔註31〕康熙《懷來縣志》卷五·城池。

　　宣府、大同、山西三關地區衛所城市體系建設在明代經歷重要發展，城市分佈呈現網絡化、間距均勻化的傾向。

圖 4.1.4　明代宣府地區衛所城市間距及網絡示意圖

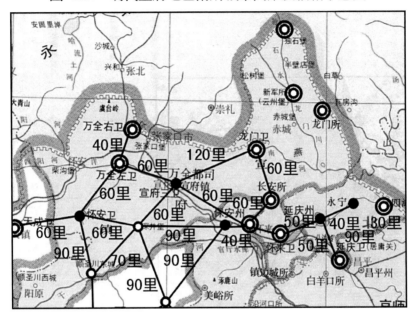

（資料來源：自繪）

　　其中，一個共同特點是各衛所城市之間的間距發展均勻。很可能使用了60 里左右這樣一個衡量軍隊每日行軍強度的指標，作為城堡配置間距的確定基數。例如在宣府，大部分明代新築衛所城市之間的間距都在 60 里以內，而其他城市間距多為 90 里和 120 里，顯然這也均與 60 里有關。又如在大同地區，前元遺留下的城市間距，東南部的渾源、靈丘、廣靈、廣昌、蔚州等相鄰城市間距大多在八九十里或更多；而其西南部的朔州、馬邑、應州、懷仁及大同等城市間距更多的是維持在 60 里左右，這個城市間距的最初形成可能是由於各城多毗鄰桑乾河干支流河道，相對土地富庶，開發程度高，城市密度高。

　　再看從宣府所轄懷安衛城向西南至天城衛城、陽和衛城、聚落所城、大同府城、高山所城、大同左衛城、威遠衛城、平虜衛城、井坪所城至朔州，所有在明代新築的沿邊衛所城市間距均為整整 60 里，本文認為這一定不是個巧合，而是當時的指揮決策者給出的沿邊衛所城市分佈的理想狀態，考慮到

各城間相互應援的便利，即各衛所城市之間，勁旅一日可達。這也是使這個直臨敵衝的必爭之地保持穩固的無奈之舉。

相對來說，山西三關地區的衛所城市間距普遍在 80 里以上，但基本未超過 120 里，也反映了此地所面臨敵情稍緩和一些的特點。

圖 4.1.5　明代大同、山西三關地區衛所城市間距及網絡示意圖

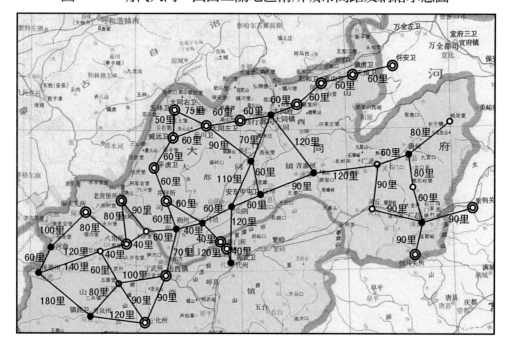

（資料來源：自繪）

4.2　宣府、大同、山西三關地區衛所城市平面形態

4.2.1　城市街道的平面模式

在明代北邊衛所城市中，最常用的城市平面形態爲方形，內部主要街道採用與城門對應的十字街或丁字街等，類似城池環繞，往來十字街通衢是最基本的城市布局模式。根據已掌握的有關城圖，宣府、大同、山西三關地區衛所城市的街道平面模式可見以下幾類：

4.2.1.1 　簡單型

圖 4.2.1 　明代廣昌縣城圖

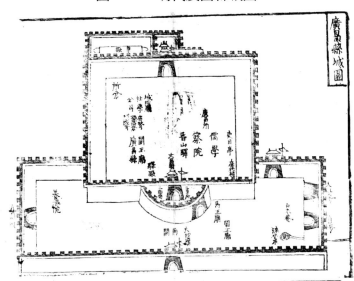

（資料來源：崇禎《廣昌縣志》）

圖 4.2.2 　明代懷仁縣縣廓圖

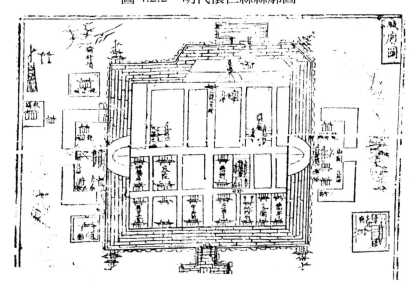

（資料來源：萬曆《懷仁縣志》）

圖 4.2.3　清代前期八角堡城圖

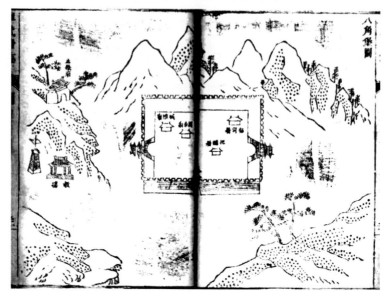

（資料來源：乾隆《寧武府志》）

圖 4.2.4　明代馬邑縣城廓圖

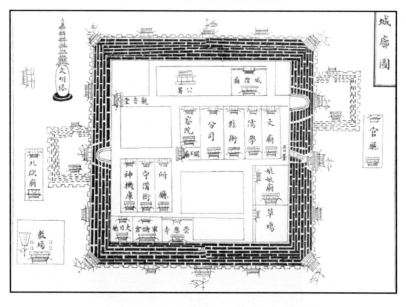

（資料來源：萬曆《馬邑縣志》）

　　馬邑縣城正城開東西 2 城門，但東西城門之間是依靠錯開的兩條東西向主乾道連接的，而且都有廟宇面對著轉折之處。

4.2.1.2　十字街型

圖 4.2.5　明代大同府城圖

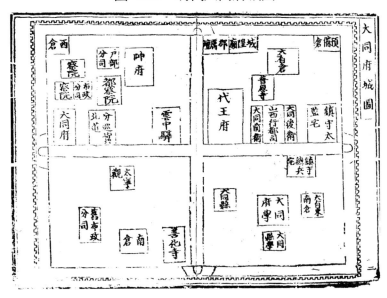

（資料來源：正德《大同府志》）

圖 4.2.6　清代中期朔平府（明代大同右衛）府城圖

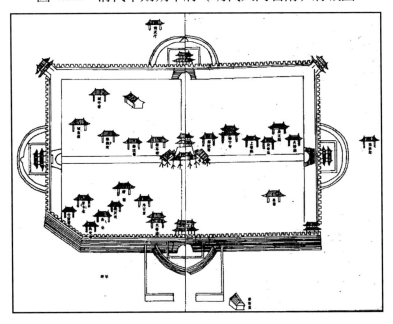

（資料來源：雍正《朔平府志》）

圖 4.2.7　清代初期朔州城署圖

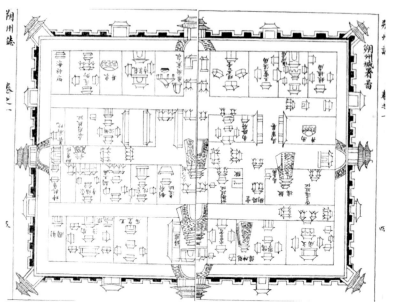

（資料來源：順治《朔州志》

圖 4.2.8　清代中期天鎮縣（明代天成衛）城圖

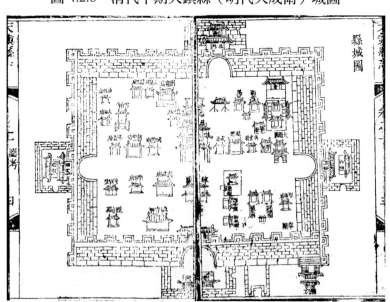

（資料來源：乾隆十八年《天鎮縣志》）

圖 4.2.9 清代中期威遠城圖

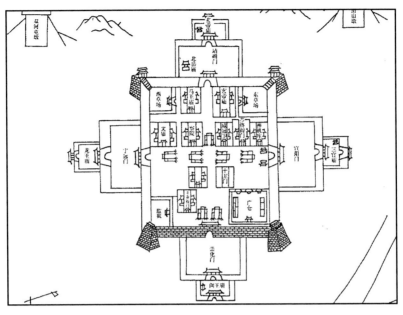

（資料來源：雍正《右玉縣志》）

圖 4.2.10 清代中期萬全縣（明代萬全右衛）城池圖

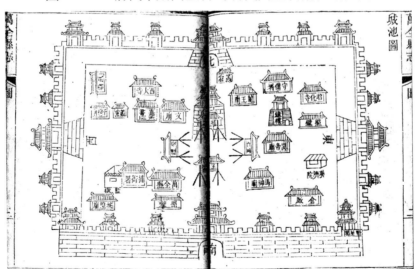

（資料來源：乾隆《萬全縣志》）

圖 4.2.11　明代永寧城圖

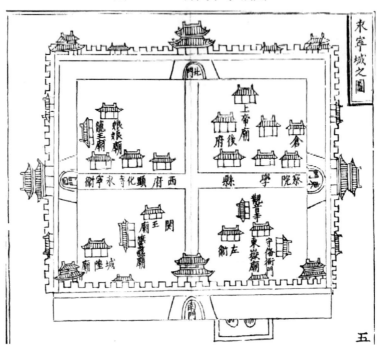

（資料來源：嘉靖《隆慶志》）

圖 4.2.12　清代中期懷安縣（明代懷安衛）城池圖

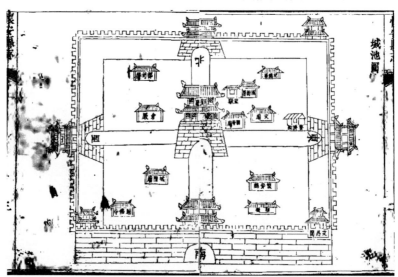

（資料來源：乾隆《懷安縣志》）

4.2.1.3　丁字街型

圖 4.2.13　清代初期渾源州城全圖

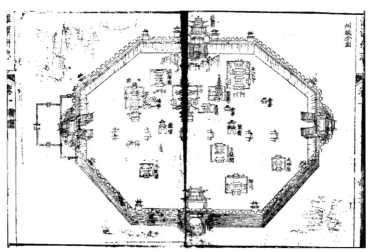

（資料來源：順治《渾源州志》）

渾源州城原為東西二門，萬曆二十九年新闢一南向城門，形成丁字街平面。

圖 4.2.14　清代中期初陽高（明代陽和衛）城署圖

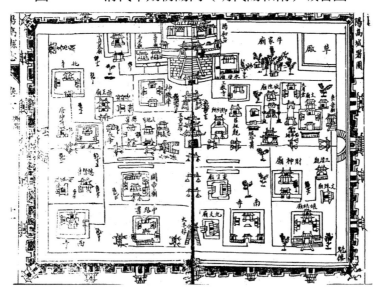

（資料來源：雍正《陽高縣志》）

圖 4.2.15　清代後期蔚州城池圖

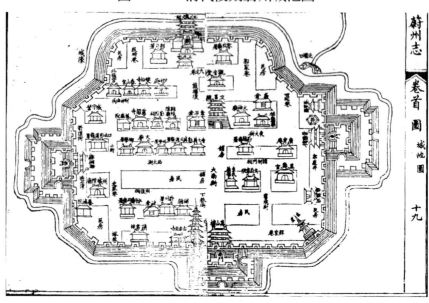

（資料來源：光緒《蔚州志》）

圖 4.2.16　明代應州州城圖

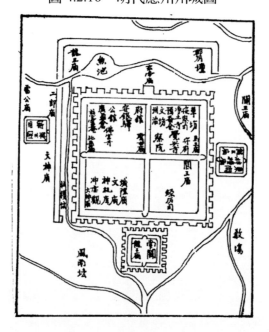

（資料來源：萬曆《應州志》）

圖 4.2.17　清代後期左雲縣（明代大同左衛）城圖

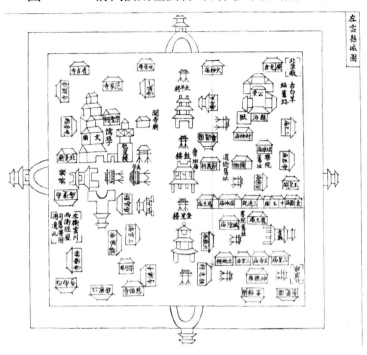

（資料來源：光緒《左雲縣志》）

圖 4.2.18　明代山陰縣城圖

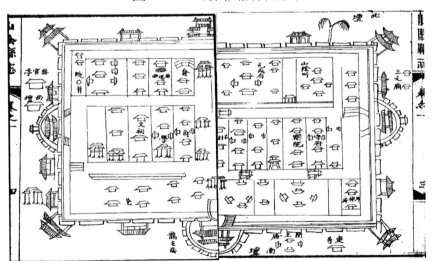

（資料來源：崇禎《山陰縣志》）

圖 4.2.19　清代前期懷來縣城圖

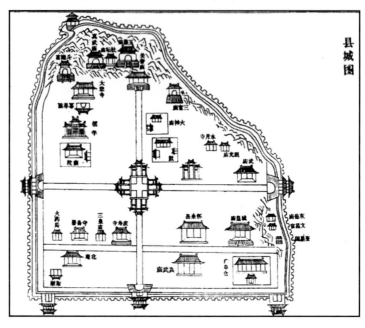

（資料來源：康熙《懷來縣志》）

圖 4.2.20　明代隆慶州境圖

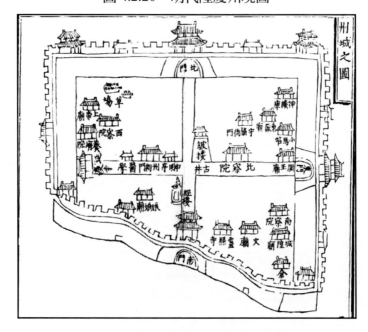

（資料來源：嘉靖《隆慶志》）

4.2.1.4　錯位十字街型

圖 4.2.21　清前期岢嵐州城圖

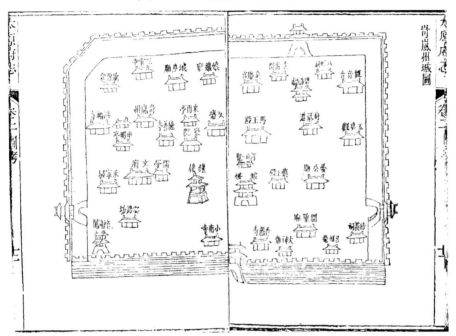

（資料來源：乾隆《太原府志》）

4.2.1.5　複雜型

前面大多數實例表明，儘管城市平面形態或與有所差別，但是街道交通方式大致類似，變化較少。這也與適應衛所城市的典型軍事任務遂行職能要求吻合。就多城門城市或城牆平面輪廓不規則的城市來說，其城門所對應街道的情況有可能較複雜一些。

例如，保德州城的城市城市街道模式較爲複雜，3 座城門的位置受到其城市城牆輪廓很大的影響，而城牆輪廓主要是受到城址山河襟帶的地貌的影響。

圖 4.2.22　清初保德州城圖

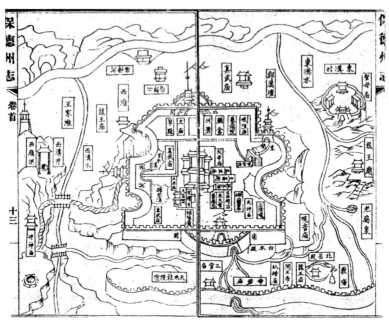

（資料來源：康熙《保德州志》）

圖 4.2.23　清代中期宣化縣城（明代宣府鎮城）圖

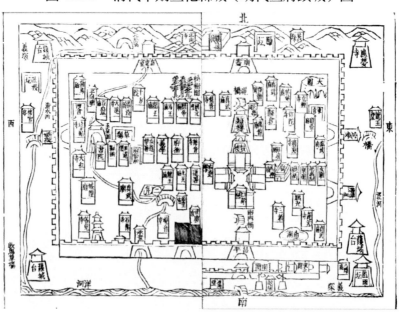

（資料來源：乾隆《宣化縣志》）

4.2.2　城牆規模與城門數量

明代宣府、大同、山西三關地區衛所城市規模及築城相關情況，如下表所示：

表 4.2.1　明代宣府、大同、山西三關地區衛所城市城池規模〔註32〕〔註33〕

城　市	城市規模〔註34〕	城高池深	築城時間	駐防軍隊規模〔註35〕
宣府鎮城（縣附郭）	方 24 里有奇。門 7	高 3.5 丈	（舊有）本元宣德府城，洪武二十七年展築，正統庚申磚石包甃	宣府前衛（5所）宣府左衛（5所）宣府右衛（5所）興和守禦千戶所（1）
永寧城〔註36〕	方 6 里 13 步。門 4	高 3.5 丈	宣德五年築。正統間以磚石甃砌	永寧衛（4所）〔註37〕隆慶左衛（5所）
隆慶州城（延慶州）	方 4 里 130 步。門 3	高 2.2 丈，池深 1 丈	（舊有）因元之舊，永樂十二年復設州治，景泰二年修築，天順七年以磚石甃砌	永寧後千戶所
懷來衛城〔註38〕	方 7 里 222 步。門 3	高 3.4 丈，壕深 1 丈	（舊有）永樂二年展築；正德初以石甃其北，景泰五年盡甃以磚	懷來衛（4所）隆慶右衛（5所）
保安衛城（新保安）	方 7 里 13 步。門 3	高 3 丈	景泰二年築	保安衛（5所）
四海冶堡	方 1 里 264 步。門 2	高 2.8 丈	弘治十二年包甃	四海冶所（1）
北路開平衛城（獨石）〔註39〕	方 5 里 92 步。門 3	高 4 丈	宣德五年築，萬曆十年始磚包之	開平衛（5所）

〔註32〕　參考〔明〕楊時寧《宣大山西三鎮圖說》大同鎮圖說、〔明〕王士琦《三雲籌俎考》。
〔註33〕　正德《大同府志》卷二，城池。
〔註34〕　正德《大同府志》卷二，城池。
〔註35〕　《讀史方輿紀要》卷四十，山西二。
〔註36〕　萬曆《永寧縣志》·輿地志。
〔註37〕　正德《大同府志》卷一，建置沿革。
〔註38〕　康熙《懷來縣志》卷五·城池。
〔註39〕　乾隆《赤城縣志》卷二·城堡。

龍門衛城	方4里53步。南一關。門2	高3.5丈	宣德六年築磚甃	龍門衛（4所）
龍門所城	方4里90步。門2	高2.6丈	新築	龍門守禦千戶所（1）
雲州所城	方3里158步。門2	高2.8丈	宣德五年築。正統十四年虜陷。景泰二年復，五年磚石甃。	雲州守禦千戶所（新軍千戶所）1
長安所城	方5里13步。門2	高3.5丈	正統間磚石保修	長安守禦千戶所1
萬全右衛城〔註40〕	方6里30步。門2	高3.5丈	洪武二十六年築，正統三年磚包	萬全右衛（5所）
萬全左衛城〔註41〕	方10里。門2	高3.5丈	洪武二十五年築，正統元年增磚	萬全左衛（5所）
懷安城〔註42〕	方9里30步。門4	高3.5丈	洪武二十五年築，隆慶二年甃以磚石	懷安衛（5所）保安右衛（5所）
延慶衛城〔註43〕（居庸關）	周圍13里37步有奇。門2	高4.1丈（3.5丈）	景泰初創建	延慶右衛（5所）懷來衛（5所）
美峪所城			新築	美峪守禦千戶所（1）

大同地區城　市	城市規模〔註44〕	城高池深	築城（或甃磚）時間	駐防軍隊規模〔註45〕
大同府城（大同縣附郭）	13里。門4	高4.2丈；池深1.5丈	（舊有）洪武五年因舊土城南半增築〔註46〕洪武五年因舊土城增築，外包以磚石，萬曆八年加砌女牆補葺	大同前後衛（左右中前後5所）大同前後衛（左右中前後5所）
懷仁縣	3里6步。門2	高3丈，池深1.2丈；	洪武十六年（舊有）萬曆元年磚包	安東中屯衛後所1

〔註40〕乾隆《萬全縣志》卷二・城池。
〔註41〕乾隆《懷安縣志》卷六・城池。
〔註42〕乾隆《懷安縣志》卷六・城池。
〔註43〕嘉靖《西關志》卷一・城池。
〔註44〕嘉靖《宣府鎮志》卷十一，城堡考。
〔註45〕正德《大同府志》卷一，建置沿革。
〔註46〕萬曆《山西通志》卷二四。

朔州	7 里。門 4	高 4.2 丈；池深 3.5 丈	洪武間（舊有）洪武二十年磚包	朔州衛（左右中前後 5 所）
馬邑縣	279 丈；門 2	高 3.3 丈；池深 2 丈	洪武十六年（舊有）隆慶六年磚包〔註 47〕	守禦千戶所 1
應州	5 里 85 步。門 3	高 3.2 丈，池深 1 丈；	洪武八年（舊有）嘉靖四十三年；隆慶五年	安東中屯衛左、右 2 所
山陰縣	4 里 20 步，門 3	2.5 丈，池深 0.8 丈	永樂三年（新築）嘉靖十六年，隆慶四年並磚包	守禦千戶所 1
渾源州	4 里 220 步，門 2（門 3，萬曆二十九年關）	4 丈；池深 0.7 丈	洪武元年（舊有）萬曆二年磚甃	安東中屯衛中、前 2 所
蔚州	7 里 13 步。門 3	高 4.1 丈，池深 3.5 丈	（舊有）洪武七年因舊址重築；洪武十年甃	蔚州衛（8 所）
廣昌縣	3 里 18 步。門 2	3 丈，1 丈	洪武十六年（舊有）一說洪武十三年修磚城〔註 48〕	廣昌守禦千戶所 1
陽和衛城（高山衛附）	9 里 30 步。門 3	高 3.5 丈，池深 3 丈	洪武三十一年（新築）	陽和衛（左右中前後 5 所） 高山衛（左右中前後 5 所）
天城衛城（鎮虜衛附）	9 里 13 步；〔註 49〕8 里 24 步。門 4	高 3.5 丈，池深 2 丈	洪武三十一年（新築）	天城衛（左右中前後 5 所） 鎮虜衛（左右中前後 5 所）
大同左衛城（雲川衛附）	10 里 120 步。門 3	高 3.5 丈，池深 2 丈	洪武二十五年（新築）永樂包磚〔註 50〕	大同左衛（左右中前後 5 所） 雲川衛（左右中前後 5 所）
大同右衛城（玉林衛附）	9 里 13 步。門 4	高 3.5 丈，池深 3 丈	洪武二十五年（新築）萬曆三年磚包	大同右衛（左右中前後 5 所） 玉林衛（左右中前後 5 所）

〔註 47〕雍正《朔平府志》卷四，城池。
〔註 48〕崇禎《廣昌縣志》卷上・建置志。
〔註 49〕乾隆《天鎮縣志》卷二・城池。
〔註 50〕嘉慶《左雲縣志》建置志，城池。

威遠衛城	4 里 5 步。門 4	高 4 丈，池深 1.8 丈	正統三年（新築）萬曆三年磚包	威遠衛（左右中前後 5 所）
平虜衛城〔註51〕	1084 丈（6 里 3 分）。門 3	高 3.6 丈，池深 1 丈	成化十七年新築（新築）弘治十一年包東西，隆慶六年包南北	平虜衛（左右中前後 5 所）
井坪所城〔註52〕	666 丈。門 2	高 3.6 丈，池深 2.4 丈〔註53〕	成化二十一年新築（隆慶六年展築）	井坪所 1
聚落堡〔註54〕	3 里 120 步；門 2	高 3.1 丈	創於弘治十三年，隆慶六年磚包	所 1
高山堡	3 里 10 步；門 2	高 3.1 丈	天順二年	所 1

山西三關城　市	城市規模〔註55〕	城高池深	築城（或甃磚）時間	駐防軍隊規模
代州	8 里 185 步，門 4	3.5 丈，池深 2.1 丈	洪武六年修（舊有）	振武衛（在代州治東南）
岢嵐州	6 里 278 步；門 4	3.8 丈，池深 2.5 丈	洪武七年興修，包以磚	鎮西衛（在岢嵐州治西）
保德州	7 里 250 步；門 4	1.8 丈，東西南皆臨深溝，北臨黃河，無池塹	萬曆三十年磚包（舊有）	保德州守禦千戶所（在縣治東南）
雁門守禦所	2 里 56 步；南北二門	3.5 丈〔註56〕山高下不等，無池塹	洪武七年築	雁門守禦所
寧化守禦所	2 里 196 步；門 3	3.1 丈，池深 1.5 丈	洪武二年因舊址東畔依山坡改築	寧化守禦千戶所
寧武所	7 里 120 步；門四	2.5 丈，下有塹	成化元年築子城，周 4 里。弘治十一年擴固城，周圍 7 里 13 步。〔註57〕成化元年築，弘治十一年拓故城	寧武守禦千戶所

〔註51〕嘉慶《朔平府志》卷四建置志，城池。
〔註52〕嘉慶《朔平府志》建置志，城池。
〔註53〕順治《雲中郡志》建置志，城池。
〔註54〕正德《大同府志》卷二，城池。
〔註55〕萬曆《山西通志》卷二四。
〔註56〕乾隆《直隸代州志》卷一・城池。
〔註57〕康熙《寧武守禦所志》・城池。

偏頭所城	9 里 8 步；東西二門	2.3 丈，池無	洪武十三年改築，成化五年展拓	偏頭守禦千戶所
老營堡所城〔註58〕	654 丈；門 2〔註59〕	2.3 丈，池深 1.5 丈	成化三年築，嘉靖十三年展築	老營守禦千戶所
八角所城〔註60〕	909 丈；門 2	2.8 丈，有塹	弘治二年始築，嘉靖六年展拓	八角守禦千戶所

　　明代宣府、大同、山西三關地區大多數衛所城市的正城城門數量與城牆的周回規模似有某種正相關關係。絕大部分衛所城市的城門數量在 2～4 座之間。

　　第一，城門數為 2 座的情況。大部分城垣周回規模在 3 里左右，超過 6 里的 4 座城市，都是獨立的實土衛所城市，如延慶衛城（居庸關城）、萬全左衛城、萬全右衛城和偏頭所城，這表明這些衛所城市非常注意內外交通的封閉性，反映了衛所城市的主要軍事職能。其中，居庸關城周回十餘里，這與其利用天險自然山勢築城有關，並非全部是城垣砌築工程。

　　無論周回規模大小，2～3 座城門是這些城市的常見形態。這也在某種程度上體現了宣府鎮所在邊地承受了極大的軍事防衛壓力。

　　圖 4.2.24　明代宣府、大同、山西三關地區衛所城市城門數量與城牆
　　　　　　　周回關係

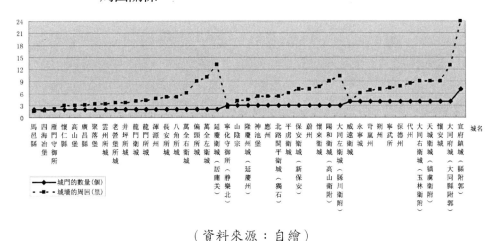

（資料來源：自繪）

〔註58〕萬曆《太原府志》卷五，城池。
〔註59〕依據明嘉靖二十四年（1621年）刊《三關志》，僅錄城堡規模達到周回 1 里左右以上，且駐軍達千名左右以上，由千戶（或指揮）以上官員統領者。
〔註60〕萬曆《太原府志》卷五，城池。

第二，城門數為 3 座的情況。此時大多數衛所城市的周回規模在 6 里左右，超過 9 里的有大同左衛城和陽和衛城，也都是實土衛所城市。

第三，城門數為 4 座時，大部分衛所城市的城牆周回在 6～9 里之間，有大同府城達 13 里多。相比宣府城 24 里的周回有城門 7 座。大同和宣府這兩座都司建置城市的封閉性，同比其實很接近。

圖 4.2.25　明代宣府、大同、山西三關地區衛所城池城牆高度

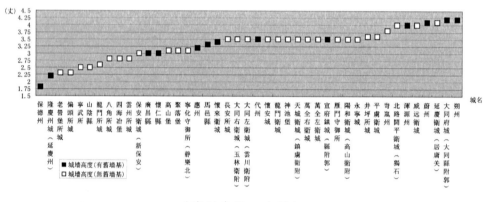

（資料來源：自繪）

還可以發現，明代宣府、大同、山西三關地區衛所城市的城牆高度與城牆是否有舊城基關聯程度不明確。城高最高的朔州城和大同城都是有舊城基的。

再看宣府、大同、山西三關地區衛所城市城牆的周回規模與駐防軍隊規模的關係，如下圖所示，從整體來看，這二者也大致也或有正相關關係（離散程度較大）。

這裡還可以分幾種情況來加以討論。

其一，1 個各千戶所建置的城市。城牆周回規模最大的為 5 里，最小約 2 里。

其二，1 個衛建置的城市。大部分城市的城牆周回規模在 5 里至 7 里之間。

其三，2 個衛建置的城市。大部分城市的城牆周回規模在 9 里至 13 里之間。

值得注意的是，一些所城儘管駐軍較少，但城市規模並不小，如八角所城、長安所城等。這可能與居民數量有關，也可能與當時這些城市會有較多的各地班軍前來戍守或遊兵、奇兵等相機駐紮有關。

圖 4.2.26　明代宣府、大同、山西三關地區衛所城池城牆周回

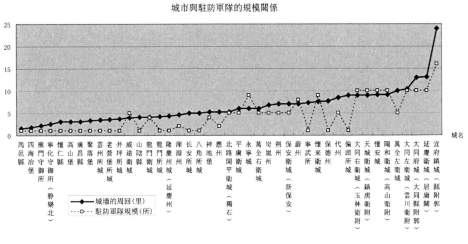

城市與駐防軍隊的規模關係

（資料來源：自繪）

4.2.3　主要建築的分佈方位

　　已有一些學者認為，城市主要建築的布局是有方位傾向或受習慣思維影響的。例如，獨立衛所城市中，那麼城中最早建設的那個武職主官衙署（一般為衛、所治）往往居於城正中附近。而在附郭衛所城市中，城中文武衙署皆有，尤其武衙後建，則往往居於文衙之西者多，符合一般文東武西的班列位置，或者是武職衙門居西反映肅殺的職能內容。

　　明代宣府、大同、山西三關地區衛所城市的主要建築分佈位置可見下表。

表 4.2.2　明代宣府、大同、山西三關地區衛所城市主要建築在城市中
　　　　　的分佈位置〔註61〕〔註62〕〔註63〕

城　市	主　要 文官署	主要武官署	學　校	壇　　壝	城隍廟
宣府鎮			在鎮城內東南	社稷壇：在鎮城西北；風雲雷雨山川壇：在鎮城東；厲壇：在鎮城東北	

〔註61〕康熙《宣鎮西路志》卷一。
〔註62〕康熙《宣鎮西路志》卷一。
〔註63〕順治《雲中郡志》。

延慶州（隆慶州）〔註64〕	州治在城中稍西；	守備隆慶州永寧衛後千戶所治在州治東北隅；	儒學在州治東南面城〔註65〕	社稷壇：州城西；風雲雷雨山川壇：在州城南一里；郡厲壇在州城北一里餘〔註66〕	在州治澄清街〔註67〕
永寧縣〔註68〕	縣治在永寧城東北隅；	永寧衛治在永寧城西門內；隆慶左衛治在永寧城東南隅	永寧縣儒學在永寧城中東北隅，縣治之左〔註69〕	社稷壇：在永寧城西一里；風雲雷雨山川壇：在永寧城南一里；邑厲壇：在永寧城北二里〔註70〕	在永寧城西南隅〔註71〕
延慶衛〔註72〕			城南西山之麓。	社稷壇：明代無；風雲雷雨壇：明代無；厲壇：在北門外西山下	在城內西南隅
懷來衛〔註73〕		懷來衛指揮使司舊在城西北隅，永樂十五年移於南大街城隍廟西	儒學署在縣城西北隅文廟南，繼又移於文廟東北隅；懷來衛學在東山之南；保安衛學在城之西南隅		城隍廟：懷來縣廟在城內東南隅
龍門衛〔註74〕		龍門衛指揮使司：城乾隅〔註75〕	衛學在城東南隅	社稷壇：城北隅，離城一里；風雲雷雨山川城隍壇：城東南隅，離城一里；厲壇：城北隅	

〔註64〕嘉靖《隆慶志》卷二。
〔註65〕嘉靖《隆慶志》卷五。
〔註66〕嘉靖《隆慶志》卷八。
〔註67〕嘉靖《隆慶志》卷八。
〔註68〕嘉靖《隆慶志》卷二。
〔註69〕嘉靖《隆慶志》卷五。
〔註70〕嘉靖《隆慶志》卷八。
〔註71〕嘉靖《隆慶志》卷八。
〔註72〕乾隆《延慶衛志略》
〔註73〕康熙《懷來縣志》。
〔註74〕康熙《宣鎮下北路志》卷二，營繕志。
〔註75〕嘉靖《宣府鎮志》卷十二。

萬全右衛		萬全右衛指揮使司：城兌方〔註76〕	在衛治東〔註77〕	社稷壇在縣城北門外；風雲雷雨山川城隍壇：在縣城南門外，制與社稷壇同。〔註78〕	城隍廟在縣治西南
萬全左衛		萬全左衛指揮使司：城艮隅〔註79〕			
懷安城		懷安衛指揮使司：城東街；保安右衛指揮使司：城艮隅〔註80〕			
懷安衛		保安右衛指揮使司城艮隅	儒學署在城大東街學宮之東〔註81〕	厲壇：在城東門外，周圍三百六十步；又一在城西門外地基同〔註82〕	城隍廟：在城西南街〔註83〕
大同	府署在城內西北隅。		府學在城東南（舊有），縣學在府學西（新建）〔註84〕	社稷壇：在代王府城內西南隅；風雲雷雨山川壇：在社稷壇東；郡厲壇：在府城外西北	在府治東北〔註85〕
山陰〔註86〕	縣治在城內西隅〔註87〕	守禦千戶所在縣治東〔註88〕山陰所在縣治北	縣治西（舊有）	風雲雷雨山川壇：縣城東南；社稷壇：縣城西一里許；厲壇：縣北一里許	在縣治西北隅

〔註76〕嘉靖《宣府鎮志》卷十二。

〔註77〕乾隆《萬全縣志》卷二‧學校。

〔註78〕乾隆《萬全縣志》卷二‧壇祠。

〔註79〕嘉靖《宣府鎮志》卷十二。

〔註80〕嘉靖《宣府鎮志》卷十二。

〔註81〕乾隆《懷安縣志》卷八‧學校。

〔註82〕乾隆《懷安縣志》卷十三‧典祀。

〔註83〕乾隆《懷安縣志》卷十三‧典祀。

〔註84〕萬曆《山西通志》卷一三‧學校。

〔註85〕正德《大同府志》卷四，神祠。

〔註86〕崇禎《山陰縣志》。

〔註87〕正德《大同府志》卷三，公署。

〔註88〕正德《大同府志》卷三，公署。

應州〔註89〕	州治在城內東北隅（五間）	安東衛在州治東南（五間）	在城西北隅〔註90〕 州西南(舊有)	社稷壇：西門外，迆南空處；風雲雷雨山川壇：在城南關西；郡厲壇：東門外迆北	在州治西南：正廟三間（洪武八年）
懷仁縣〔註91〕	縣署在城西（三間）		城西北隅（新建）	社稷壇：在縣西廓外距縣一里許，今改置廓內；風雲雷雨山川壇：在縣南廓外距縣半里許；邑厲壇：在縣北廓外，距縣一里許〔註92〕	在縣治北，洪武初建〔註93〕城內西南〔註94〕
廣昌縣〔註95〕	縣治在城南門內街西	守禦千戶所縣治東北〔註96〕	學在縣治東〔註97〕	社稷壇：城北一里；風雲雷雨山川壇：城南一里；邑厲壇：城北一里半	縣治北
平虜衛			正殿五間，嘉靖五年創建〔註98〕在衛治東北(新建)	社稷壇：南關外道西；風雲雷雨壇：南關外；邑厲壇：西門外西北；	城鐘樓街東
大同右衛			正殿五間，成化十五年創建〔註99〕在衛治西〔註100〕	社稷壇：城南門外道西；風雲雷雨壇：城東門外；郡厲壇：城北門外	城西街
威遠衛			正殿五間，嘉靖五年創建		

〔註89〕萬曆《應州志》。
〔註90〕正德《大同府志》卷三，學校。
〔註91〕光緒《懷仁縣新志》卷三，城池。
〔註92〕萬曆《懷仁縣志》上。
〔註93〕萬曆《懷仁縣志》上。
〔註94〕光緒《懷仁縣新志》卷三，城池。
〔註95〕崇禎《廣昌縣志》卷上。
〔註96〕康熙《廣昌縣志》卷二。
〔註97〕崇禎《廣昌縣志》卷上。
〔註98〕嘉慶《朔平府志》卷四建置志，城池。
〔註99〕嘉慶《朔平府志》卷四建置志，城池。
〔註100〕正德《大同府志》卷三，學校。

				〔註 101〕在衛治之西（新建）	
大同左衛			正殿五間，成化十五年創建〔註102〕在縣城西大街（新建）	社稷壇：南門外東南；風雲雷雨壇：西門外；邑厲壇：北門外東	城東南街
朔州	州治在城內西北隅〔註103〕	朔州衛在守府後	正殿五間，洪武十年創建〔註104〕在城西北	社稷壇：州西關；風雲雷雨壇：州南關；郡厲壇：州北關外	城西街州治南
馬邑縣	縣治城中大街迤西南向	守禦千戶所在守府西〔註105〕	正殿五間，元至元間創建〔註106〕縣治之西（舊有）	社稷壇：西門外迤北；風雲雷雨壇：南河岸；邑厲壇：城北	城南街
渾源州	州治在忠義坊街北〔註107〕	中所在守府左，前所在守府右〔註108〕	在州治西（舊有）	社稷壇：州西一里；風雲雷雨山川壇：州南二里；郡厲壇：城北一里	城內西北
蔚州	在城西南隅	蔚州衛在州治西	正殿五間，元至元間建〔註109〕州治之北，在縣治西（舊有）	社稷壇：西關外偏北一里；風雲雷雨山川壇：南關外偏東一里；郡厲壇：東關外偏北二里	城西南隅
廣昌縣〔註110〕	在城南門內街西〔註111〕	千戶所：城艮隅〔註112〕千戶所在縣治東北	在縣治之東（舊有）	社稷壇：城北一里；風雲雷雨山川壇：城南一里；邑厲壇：城北一里半〔註113〕	縣治北

〔註101〕嘉慶《朔平府志》卷四建置志，城池。
〔註102〕嘉慶《朔平府志》卷四建置志，城池。
〔註103〕正德《大同府志》卷三，公署。
〔註104〕嘉慶《朔平府志》卷四建置志，城池。
〔註105〕萬曆《馬邑縣志》卷上。
〔註106〕嘉慶《朔平府志》卷四建置志，城池。
〔註107〕萬曆《渾源州志》卷一・置志第二。
〔註108〕萬曆《渾源州志》卷一・置志第二。
〔註109〕順治《蔚州志》卷七，學校志。
〔註110〕康熙《廣昌縣志》。
〔註111〕康熙《廣昌縣志》卷二，公署。
〔註112〕嘉靖《宣府鎮志》卷十二。
〔註113〕康熙《廣昌縣志》卷二，祀典。

天城衛〔註114〕		天鎮衛署：在東街	在衛治之東（新建）；武廟在縣治西	社稷壇：在西城外；神衹壇（含風雲雷雨山川壇）：在城南；厲壇：在北門外	在城西街
陽和衛〔註115〕		高山衛治在城西北	在衛治東（新建）〔註116〕西廟東學	社稷壇寄於城隍廟；山川及風雲雷雨俱於南郊除地為壇；厲壇：在南門外	東街北。
寧武所〔註117〕			所學在縣治東	南壇：在城南一里；北壇：在城北一里〔註118〕	
偏關城〔註119〕		所署：在縣城之中	關學在所治東（新建）〔註120〕	社稷壇：城北一里許；風雲雷雨山川壇：城南里許；厲壇：城北半里	
代州〔註121〕	署在城中左方東門內大街北	振武衛在州治右，大堂五楹	州學在州西南隅（舊有）〔註122〕	社稷壇：在城西北二里；風雲雷雨山川壇：在城西南二里；厲祭壇：在城東北一里	在城西門內之北
岢嵐州	州治在居仁街之北署在城居仁坊〔註123〕	衛治在州治東居仁街〔註124〕	州學在州治西南（新建）〔註125〕	社稷壇：在城外西北一里，風雲雷雨山川壇：在城外東南一里；郡厲壇：在城北門外一里〔註126〕	城隍廟在州治東北〔註127〕

〔註114〕光緒《天鎮縣志》。
〔註115〕雍正《陽高縣志》。
〔註116〕萬曆《山西通志》卷一三‧學校。
〔註117〕乾隆《寧武府志》。
〔註118〕康熙《寧武守禦所志》‧學宮。
〔註119〕乾隆《寧武府志》。
〔註120〕萬曆《山西通志》卷一三‧學校。
〔註121〕乾隆《直隸代州志》卷一‧公署。
〔註122〕萬曆《山西通志》卷一三‧學校。
〔註123〕萬曆《山西通志》卷一二‧公署。
〔註124〕光緒《岢嵐州志》卷一‧沿革。
〔註125〕萬曆《山西通志》卷一三‧學校。
〔註126〕光緒《岢嵐州志》卷四‧祀典。
〔註127〕光緒《岢嵐州志》卷四‧祀典。

保德州	署在城北集賢坊〔註128〕州治在中街北集賢坊〔註129〕	守禦千戶所在州治東南	州學在城西南（舊有）〔註130〕州治之西〔註131〕	社稷壇：在南門外官道之西；風雲雷雨山川壇：舊在南門外弘治間改於社稷壇之東；厲壇：在北門外之東二十餘步〔註132〕	城隍廟：在東街去州治三十步〔註133〕

明代宣府、大同、山西三關地區衛所城市主要建築分類方位示意如下：

4.2.3.1　主要文官署

圖 4.2.27　明代宣府、大同、山西三關地區衛所城市中主要文官署方位

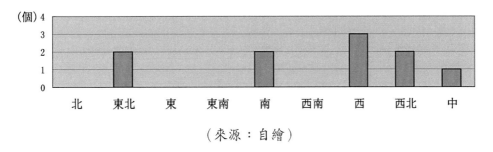

（來源：自繪）

由於本地區的實土衛所城市中比例較高，文官公署實例較少。居城內正西向的最多，可見 3 例；東北向、西北向和正南向的各見 2 例，有一個記為居城正中。

4.2.3.2　主要武官署

居城中東北向的最多，有 5 例；其次是在西北向，有 4 例；在正東向和正西向的各 2 例；另有東南向、西南向和居中的各 1 例。

〔註128〕萬曆《山西通志》卷一二・公署。
〔註129〕康熙《保德州志》卷一・因革・公署。
〔註130〕萬曆《山西通志》卷一三・學校。
〔註131〕康熙《保德州志》卷一・因革・學校。
〔註132〕康熙《保德州志》卷二・形勢・廟社。
〔註133〕康熙《保德州志》卷二・形勢・廟社。

圖 4.2.28　明代宣府、大同、山西三關地區衛所城市中主要武官署方位

衛所城市中主要武官署分布方位趨勢圖

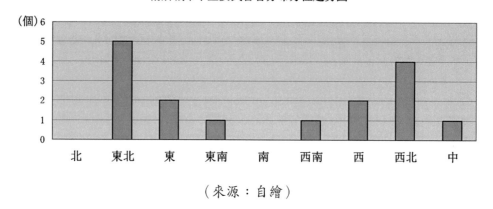

（來源：自繪）

4.2.3.3　學　校

所見實例中，東南向最多，共 6 例；西北向有 5 例；正西向的有 4 例；在正東向的 2 例；正南和東北向各 1 例。

圖 4.2.29　明代宣府、大同、山西三關地區衛所城市中學校方位

衛所城市中學校分布方位趨勢圖

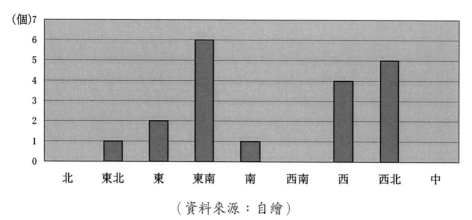

（資料來源：自繪）

4.2.3.4　社稷壇

所知明確案例大多數分佈在城外正西向，共 10 個；正北向的有 5 例；分佈在其餘方位的僅有 1～2 例。

圖 4.2.30　明代宣府、大同、山西三關地區衛所城市社稷壇方位

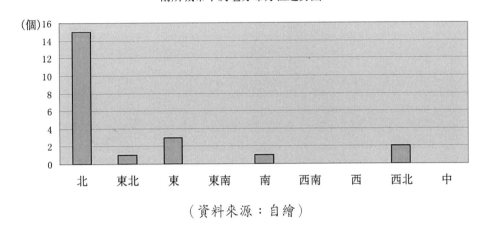

（資料來源：自繪）

4.2.3.5　厲壇

在城外正北向的最多，有 15 例；正東向有 3 例；西北向見 2 例；正南向和東北向各有 1 例。

圖 4.2.31　明代宣府、大同、山西三關地區衛所城市厲壇方位

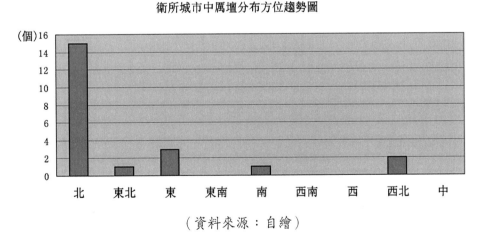

（資料來源：自繪）

4.2.3.6　風雲雷雨山川壇

居城外正南方向是絕大多數，有 15 例；正東和東南向各有 2 例；正西向 1 例。

圖 4.2.32　明代宣府、大同、山西三關地區衛所城市
風雲雷雨山川壇方位

衛所城市中風雲雷雨山川壇分布方位趨勢圖

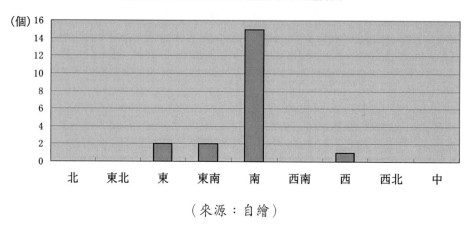

（來源：自繪）

4.2.3.7　城隍廟

在城中西南向的最多，共 9 例；居正東、正西、東南和西北向的各有 2 例；東北向的 1 例。

圖 4.2.33　明代宣府、大同、山西三關地區衛所城市城隍廟方位

衛所城市中城隍廟分布方位趨勢圖

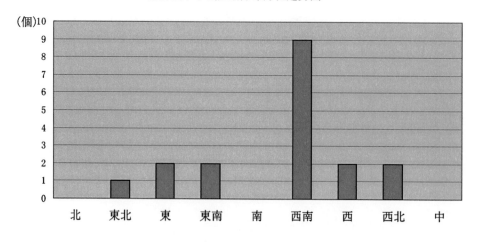

（資料來源：自繪）

4.3　小　結

　　宣府、大同、山西三關地區的衛所城市體系初創均不晚於明洪武中期以前，至洪武末永樂初基本成型。經歷了永樂年間的外邊各藩籬撤守，防線收縮加強，並不斷調整建設，在明代中期漸具規模，並不斷完善。

　　本地區有關衛所城市的分佈的共同特點是城市間距均勻，大部分城市從屬於其周邊區域以 60 里左右爲度的嚴密的聯繫網絡，而防禦壓力略小一些的局部區域多採用 80～90 里的城市間距來建立關聯。

　　宣府、大同、山西三關地區衛所城市可見全部五種常見街道平面模式：即簡單型、十字街型、丁字街型、錯位十字街型和複雜型四種。亦可見增置城門與主乾道的實例。

　　絕大多數衛所城市的正城城門數量爲 2～4 座，並在其各自範圍與城牆的周回規模具有較明確的正相關關係。其中，有一些直接臨邊的實土衛所城市實例城牆周回規模極大但城門數極少，反映出更爲強烈的內外交通封閉性，當與其作爲區域防禦要點的戰略地位密切相關，而且當城牆周回規模增大很多，這種對城市設防封閉性的要求在本地區也仍然有所反映。

　　衛所城市的城牆高度，與城牆是否有舊城基未見明確關聯。但有實例顯示，本地區城高最高的兩座大城，均是有前代舊城基的城池。

　　城市城牆的周回規模與駐防軍隊規模在一定城牆周回範圍內具有相關的趨勢，但並非明確的正相關關係。僅可概略歸納爲，1 千戶所建置的城市，城牆周回多在 2～5 里內；1 衛建置的城市城牆周回多在 5～7 里，均有不少偏離此範圍的個例。2 衛建置的城市城牆周回均在 9 里以上。

　　主要建築的分佈方位，趨勢基本明確的有：社稷壇，城外正西；厲壇，城外正北；風雲雷雨山川壇，城外正南向；城隍廟，在城內西南者居多。

第 5 章　陝西各邊地區：陝西都司與
陝西行都司沿邊衛所城市

5.1　陝西各邊地區衛所城市體系

　　明代陝西轄境大致相當於今陝西省、寧夏回族自治區全部，和甘肅省大部、青海省東部的遼闊地區，在各沿邊地區和內部腹地廣泛建置衛所，分地守禦，主要控馭蒙古、西番等部族，分別隸屬陝西都司和陝西行都司，統轄於右軍都督府。

　　陝西行都司領 12 衛，守禦千戶所 4，全部臨邊，依託其建置的衛所城市，緊密排列在祁連山北麓、黃河以西的河西走廊地區，阻扼要衝，控制高山谷地。河西走廊為一狹長的綠洲戈壁交織地帶，被祁連山山脈和走廊北山山地（合黎山、龍首山等）南北屏翰，祁連山為高大連綿山脈，成為可依託的優良天然屏障，幾乎完全阻擋了山南西番部族；走廊北山為斷續山地，地形破碎，有若干要點可控制北方敵人進犯的通道。

　　而陝西都司所轄的 20 餘個衛，10 餘千戶所，在三個主要方向臨近邊境：其一，賀蘭山以東至黃河山西段以西的黃河河套附近地區（也稱為「東套」）；其二，賀蘭山以西至河西走廊平原附近地區（也稱為「西套」）；其三，岷山以北黃河以南及隴西附近地區（次要防禦方向）。並在各自防禦方向上形成一定的寬度。三個方向上均有黃河曲折穿流期間，防禦形勢較為複雜。

　　上述陝西行都司所據河西走廊地區和陝西都司治下河套地區（東套）、賀蘭山以西（西套）地區是三個主要防禦方向並結為一體，在明代二百餘年間主要面對的是故元後裔及蒙古各部族。針對這三個方向後來又分設四個邊

鎮：固原、榆林（延綏）、寧夏、甘肅，分率治下軍兵防禦要地。

陝西各邊地區共建置有衛所城市 48 座，「據天下之上游」，河山襟帶。其中，衛建置城市 26 座，千戶所建置城市 22 座。這些邊地衛所城市與內地普通城市駐軍的職司差別較大。

> 置都指揮使司以領衛所；置總兵、參將、游擊、守備以司攻守。又理以憲臣，監以御史，撫以都憲，統以總制。各衛所官軍分番教閱，置屯遣戍，要在三邊四鎮延綏、寧夏、甘肅、固原之地。其內地鄉兵，則各州縣巡捕之官，歲時教閱，以護守城池，備遏盜賊者也。〔註1〕

此外，儘管在關中的西安府、漢中府、鳳翔府等地亦有部分陝西都司所轄衛所建置，但是由於其距離邊地較遠，均未列入本文研究範圍。

圖 5.1.1　明代陝西疆域圖

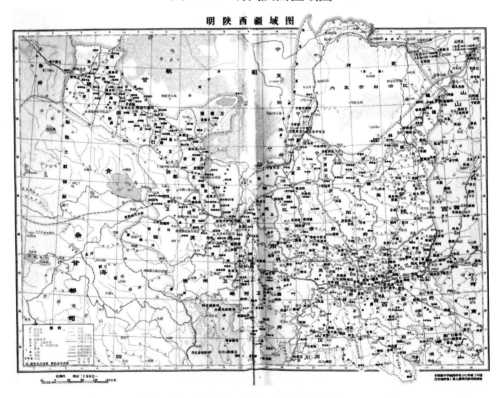

（底圖來源：新版嘉靖《陝西通志》）

〔註1〕　嘉靖《陝西通志》卷三十九・兵防。

5.1.1　陝西各邊地區衛所城市體系的形成過程

陝西各邊地區的衛所城市體系是在不斷適應「彝虜環列，胡笳四集」的地區防禦特點，以「扼束羌戎」爲邊防建設目標而逐漸完善起來的。大致經歷了 4 個重要發展時期：

5.1.1.1　初創期（1368～1384 年）

雖然 1368 年明軍攻佔元大都，盡取中原之地，但是故元河南王擴廓帖木爾（王保保）爲首的西北殘餘勢力依然非常強大，經過長期接觸和戰爭準備，至洪武五年（1372），名將馮勝率領一支明軍出蘭州，攻略甘肅，兵鋒向北還直指漠北蒙古高原腹地，控制了整個河西走廊，並使以北數百里範圍不見敵蹤。加上此前李文忠統軍掃清了陰山以南的故元勢力，使黃河兩岸盡在明軍控制之下，此時陝西地區聲威震服西陲。

但是盤踞漠北的故元殘餘仍不斷嘗試對陝西地區進襲，鑒於地幅遼遠的陝西依然嚴峻的北方邊防形勢，明王朝必須置衛所屯軍分佈戍守。

在隴東、陝北地區，洪武元年便在綏德州置綏德衛，洪武二年（1369）又在平涼、延安、安定、保安等城置衛所。

隨後，在隴西地區，先後建置臨洮、鞏昌、蘭州、秦州、慶陽等衛，及禮店、洮州、階州、環縣等千戶所，西控蕃戎，東蔽湟、隴。

在賀蘭山以西的黃河南岸建靈州所城，黃河北岸置寧夏衛城。

至洪武十二年（1379）置陝西行都司於莊浪衛城，總領此前所置莊浪、西寧、涼州等衛，及歸德千戶所，備禦河西走廊的南段，所轄均爲實土衛所城市。

自洪武十二年沐英、藍玉等大敗西番之後，西番諸部臣服，羈縻於明王朝統治之下，時有滋擾但影響甚微。從臨洮至鞏昌一線，西寧、河州、洮州、岷州、階州等各衛所城市保持了較長時間的基本穩固。而且南部土田膏腴，引渠灌溉，產出甚博，西寧衛、河州、洮州又設茶馬司，通過納馬酬茶，用以馴制番戎。

此後，明王朝在西北地區主要採取了向北防禦故元殘餘，向西南收服穩固西番部落的策略。要點之一就是控制河西走廊及黃河以北的湟水流域以「隔斷羌戎」，即隔絕西番與故元殘餘勢力相通之路。陝西行都司諸衛所城市的建置就是爲了達到這一戰略目的，再加上陝西都司地結關、隴，強固縱深，主要經過近二十年的苦心經營，陝西各邊衛所城市體系基本架構完成。

5.1.1.2　甘州寧夏發展期（1383～1397 年）

　　明初將嘉峪關以外的敦煌等地棄守，造成河西走廊地區多面臨敵的狀態。雖然永樂初建哈密等衛羈縻領袖諸番，藩籬內地，但到了嘉靖年間，遷徙哈密諸部於肅州，關外地陷土魯番，每況愈下。

　　由於河西走廊水草豐饒，適宜擁兵屯牧。隨著洪武二十五年漢王就藩甘州衛城，河西走廊的衛所城市進一步得到加強，同期，在甘州衛東置山丹衛城、鎮番衛城，西置肅州衛城、鎮夷所城，成爲甘州衛城的左膀右臂，在陝西行都司治下聯屬諸城，南隔西番，北控沙漠，河西之地結爲一體。

> 甘肅即漢河西四郡地。國初、下河西。棄墩煌。畫嘉峪關爲界。由莊浪迤南三百餘里、爲湟中地。今置西寧衛。由涼州迤北二百餘里，爲姑城地。今置鎮番衛。又設甘州等五衛於張掖。肅州衛於酒泉。蘭州衛於金城。皆屯兵拒守全鎮之地、幾二千里。惟一線通道，西遮西域，南蔽羌戎，北扞胡虜，稱孤懸重鎮云。自虜款以來，常假道掠，番人攻瓦剌，穿塞出入，防禦稱難矣。〔註2〕

圖 5.1.2　清代前期甘肅鎮所屬衛所城圖

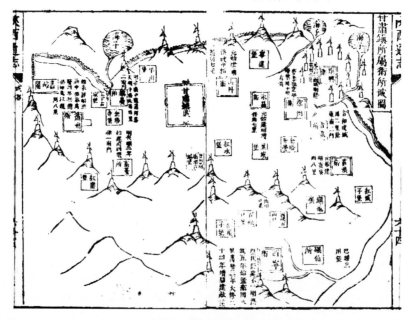

（資料來源：康熙《陝西通志》）

〔註2〕《明會典》卷一百三十・鎮戍五，各鎮分例二。

　　此前在賀蘭山南麓建置的重鎮寧夏衛城控制著著黃河以南的一塊南北不過百餘里，東西不過二百餘里的獨立區域。但這塊區域西北有賀蘭山，東南有黃河爲天然屛障，背山面河，防衛穩固，土田膏腴。在洪武二十五年（1392）又增置數衛屯戍，成爲了一個孤懸在外的強固據點，並通過黃河對岸的靈州所城與關隴地區建立聯絡。

5.1.1.3　充實調整期（1399～1456 年）

　　河西走廊諸衛所城市與寧夏諸衛猶如伸出的兩翼，環抱西套，爲加強其間的聯繫，鞏固側翼，洪武末年，又開始先後在這裡沿著西套邊緣布置了一個 U 形的衛所城市帶，其中有寧夏中衛城、靖虜（邊）衛城、古浪所城、高臺所城。在洪熙初年，韓恭王改封平涼府城，加上此前肅王徙封蘭州城控河爲險，後方及隴西得到進一步加強。

　　寧夏中衛城、靖邊衛（靖虜衛）城沿黃河置戍，並建置營、堡若干，使寧夏與河西走廊建立直接聯繫。此後這樣的形勢維持了一百多年，直到萬曆年間，明軍利用時機又收復了蘭州以北至松山以南的黃河沖積平原地區，建堡築城，並隨之構築了較爲完善的邊牆。至此，寧夏以西側翼的防禦形勢才有所好轉。

5.1.1.4　固原榆林鞏固期（1469～1551 年）

　　成化年間，開始對固原和榆林的鞏固與加強，起因是賀蘭山以東的黃河河套地區被一些蒙古部落佔據駐牧，並不斷向周邊各地擾掠。

圖 5.1.3　清代前期寧夏鎮所屬營堡城圖

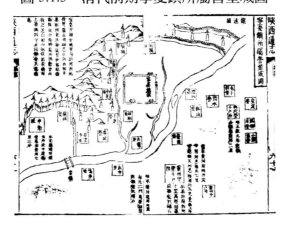

（資料來源：康熙《陝西通志》）

洪武初年，明軍定大同略豐州，迫使故元勢力遠遁漠北。明王朝設東勝衛於河套（東套）東北，設綏德、延安諸衛所於河套東南，以控扼套內之地。河套東接大同，西至寧夏，因黃河天險列以墩臺爲固，樵採耕屯放牧，經濟地位也很重要。到永樂初年，常年沒有邊患，河防放棄不守，於是，不晚於正統年間，蒙古部族又重新回到了這一地區附近，間有侵軼。

> 固原在寧夏之南。成化以前、套虜未熾。獨靖虜一面備胡。平固安會之區、號爲無事。自弘治中，火篩入掠後，遂當虜衝。始即州治爲鎮城。以固、靖、甘、蘭四衛隸之。設總督、總兵、參遊等官。東顧榆林。西顧甘肅。與寧夏爲唇齒。稱巨鎮云。〔註3〕

到弘治十年，蒙古火篩等部族大規模駐牧河套，延綏、寧夏、隴東頻繁受到衝擊，甘肅、關中震動。明王朝乃議遣重臣總制陝西、甘肅、延綏、寧夏軍務，總制駐於新設固原州，並建置固原衛。後又不稱總制，改爲總督，遂成定制。

> 筆者按：此三邊總督職官，在有明一代選官來源及官稱等不盡相同，有稱爲「提督陝西三邊命協戎政兵部左侍郎某某」，或「總制陝西三邊軍務兵部尚書某某」，或「總督陝西三邊軍務太子太保兵部尚書兼都察院右都御史某某」等等，不一而足，本文統稱其爲總督。

至此，固原稱爲重鎮，並成爲陝西各邊的指揮中心，從隸屬關係上，延綏、寧夏、甘肅三鎮均由駐固原的陝西三邊總督節制，以調遣三鎮兵力共同防禦。

> （成化）十年正月癸卯，命王越總制三邊。前年冬，刑部主事張鼎言：「延綏、甘肅、寧夏三邊鎮撫，不相統一。宜推文武重臣一人總制。」章下所司。乃議：設制府於開城，控制三邊，總兵、巡撫而下，皆聽節制。詔即以越任之。三邊設總制自此始。〔註4〕

固原爲屏蔽隴右、關中的門戶，其地東接延綏，西連甘肅，北託寧夏，軍事地理位置十分重要。在明代，慶陽環縣以北以西直至黃河沿岸的廣大地區，絕少居民，地勢荒瘠，敵騎來去自如，屯戍困難。成化五年（1469），爲解決此危局，築固原州城、西安所城建置衛所，以阻擋套虜向西衝擊。

〔註3〕《明會典》卷一百三十‧鎮戍五，各鎮分例二。
〔註4〕《明會要》卷三十四‧職官六。

圖 5.1.4 清代前期固原鎮所屬城堡城圖

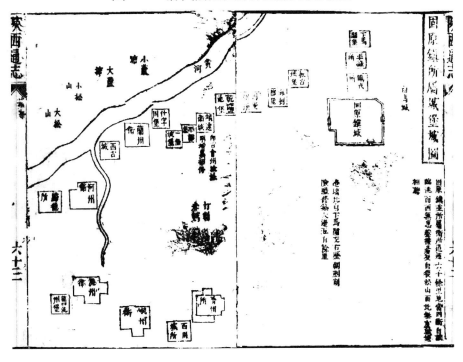

（資料來源：康熙《陝西通志》）

河套古朔方，我朝自正統後，漸棄東勝。於是河套遂爲虜巢，
然亦時去時來。近年，吉囊、俺答二酋連歲殘破秦、晉，久駐套
中。先朝大臣屢有復套之議。成化八年，遣吏部侍郎葉文莊公行
視。文莊以爲未可輕議，特繕障增戍，謹備之便。九年，遂移延
綏鎮城於榆林。此余肅敏經略之功也。〔註5〕

爲了阻擋套虜向東南直接衝擊延綏，至成化七年（1471），再築榆林城，
置榆林衛戍守。時任陝西巡撫余子俊在綏德州西北改築舊堡址，置榆林衛，
與綏德衛相爲唇齒。並沿著山勢鏟削，「令壁立如城」，相度地形，建立墩堡
屯兵，使榆林西北面向河套一線漸漸完固。幾十年後，在弘治年間，又在此
線西北結合地勢修築了一道邊牆，稱爲「大邊」，以防護屯田，而前者所築稱
爲「二邊」。

〔註5〕《今言》卷三・一百八十五。

圖 5.1.5　清代前期延綏鎮所屬營堡城圖

（資料來源：康熙《陝西通志》）

　　國初，築東勝等城，戍守河外。正統間，失東勝，退守黃河。
後以虜入套內。又棄河，守牆。鎮城舊在綏德。捐米脂、魚河等地
於外，幾三百里。成化中，徙鎮榆林堡。東起黃甫川，西至定邊營，
千二百餘里。聯墩勾堡，橫截河套之口。遂稱雄鎮。〔註6〕

　　為了阻擋固原以北面對河套的正面防禦方向上河套敵人的馳騁，於成化
十五年（1479），又築城花馬池，置花馬池千戶所，後改寧夏後衛。花馬池的
地形川原平曠，惟有在此建置衛所，保持強大軍力才能應對北騎馳突。

　　為保證與寧夏聯繫的靈州所城的側翼安全，弘治年間又在靈州與固原之
間築城，增置韋州千戶所和平遠千戶所，其中韋州所利用此間荒蕪之地放牧
養馬。

　　此時，形成了寧夏衛城與榆林衛城及其周邊城堡邊牆稱為固原州城藩籬
的局面，而花馬池城則為居中的門戶，並以此為中心布置諸營，用於野戰。

_____

〔註6〕《明會典》卷一百三十‧鎮戍五，各鎮分例二。

後來陸續又在以西置興武千戶所，築城興武營，與靈州所聯繫；以西置安邊千戶所，築安邊所城，溝通固原、環縣。

> 國初，置寧夏等五衛。西北據賀蘭山，東南帶黃河，內有漢唐二渠，險固饒沃。成化以前，虜常犯河西。自虜入套，河東三百里，皆設備。遞年修治牆塹。正德間，有外邊。嘉靖以來、增築內邊。而清水、興武、花馬池、定邊各營、尤稱要害云。〔註7〕

到明代中期以後，還曾在榆林衛城以北的神木縣城置鎮羌千戶所；在寧夏衛城以北置平虜千戶所築城。大致到了嘉靖年間，陝西各邊地區衛所城市體系基本完善，整個過程經歷了一百八十多年。

圖 5.1.6 清代前期三邊總圖

（資料來源：康熙《陝西通志》）

表 5.1.1 明代陝西三邊地區衛所城市建置過程〔註8〕

分 期	衛 所 建 置	建置主要相關城市
初創期 （1368～ 1384 年）	洪武元年（1368）：置綏德衛	綏德州城●
	洪武二年（1369）：置平涼衛	平涼府城●
	洪武二年（1369）：置臨洮衛	臨洮府城●
	洪武二年（1369）：置延安衛	延安府城●
	洪武二年（1369）：置安定千戶所	安定縣城●
	洪武二年（1369）：置保安千戶所	保安縣城●
	洪武三年（1370）：置鞏昌衛	鞏昌府城●
	洪武三年（1370）：置蘭州衛	蘭州城●

〔註7〕《明會典》卷一百三十‧鎮戍五，各鎮分例二。
〔註8〕牛平漢編著，明代政區沿革綜表，北京：地圖出版社，1997：397～405。

	洪武四年（1371）：置秦州衛	秦州城●
	洪武四年（1371）：置慶陽衛	慶陽府城●
	洪武四年（1371）：置禮店千戶所	禮店所（後改禮縣）◎
	洪武四年（1371）：置河州衛	河州城●
	洪武四年（1371）：置洮州千戶所（後改衛）	洮州城●
	洪武四年（1371）：置岷州衛	岷州城●
	洪武四年（1371）：置階州千戶所	階州城●
	洪武四年（1371）：置環縣千戶所	環縣城●
	洪武五年（1372）：置莊浪衛	莊浪衛城●
	洪武六年（1373）：置西寧衛	西寧衛城●
	洪武八年（1375）：置歸德千戶所	歸德所城◎
	洪武九年（1376）：置涼州衛	涼州衛城●
	洪武十一年（1378）：置莊浪分衛（成化改碾伯千戶所，或稱西寧衛千戶所）	碾伯所城◎
	洪武十二年（1379）：置陝西行都司	莊浪衛城
	洪武十二年（1379）：置塞門千戶所	安塞縣城●
	洪武十五年（1382）：置永昌衛	永昌衛城●
	洪武十五年（1382）：置西固城千戶所	西固城●
	洪武十六年（1383）：置靈州千戶所	靈州所城◎
	洪武十七年（1384）：置寧夏前衛	寧夏城●
甘州寧夏發展期（1390～1397年）	洪武二十三年（1390）：置甘州左衛	甘州衛城●
	洪武二十三年（1390）：置山丹衛	山丹衛城●
	洪武二十五年（1392）：置甘州右衛	甘州衛城
	洪武二十五年（1392）：置甘州中衛	
	洪武二十五年（1392）：置甘州中護衛	
	洪武二十五年（1392）：置寧夏中屯衛	寧夏城
	洪武二十五年（1392）：置寧夏左屯衛	
	洪武二十五年（1392）：置寧夏右屯衛	
	洪武二十六年（1393）：置寧夏衛	寧夏城
	洪武二十六年（1393）：徙治陝西行都司	甘州衛城
	洪武二十七年（1394）：置肅州衛	肅州城●
	洪武二十八年（1395）：置甘州前衛	甘州衛城
	洪武二十八年（1395）：置甘州後衛	
	洪武二十八年（1395）：置文縣守禦千戶所〔註9〕	文縣（尋廢所置縣）◎

〔註9〕欽定四庫全書，史部，地理類，總志之屬，明一統志，卷三十五。

	洪武三十年（1397）：置鎮番衛	鎮番衛城●
	洪武三十年（1397）：置鎮夷千戶所	鎮夷所城◎
充實調整期（1399～1456年）	建文元年（1399）：徙來甘州中護衛	蘭州城
	永樂元年（1403）：置寧夏中衛	寧夏中衛城●
	洪熙元年（1425）：置安東中護衛	平涼府城●
	正統二年（1437）：置靖虜（邊）衛	靖虜（邊）衛城●
	正統三年（1438）：置古浪千戶所	古浪所城◎
	景泰七年（1456）：置高臺千戶所	高臺所城◎
固原榆林發展期（1469～1551年）	成化五年（1469）：置固原衛	固原州城●
	成化五年（1469）：置西安千戶所	西安所城●
	成化七年（1471）：置榆林衛	榆林衛城●
	成化十二年（1476）：置鎮戍千戶所	鎮戍所城●
	成化十五年（1479）：置花馬池千戶所（後改寧夏後衛）	花馬池城（寧夏後衛城）◎
	弘治十年（1497）：置韋州千戶所	韋州所城◎
	弘治十八年（1505）：置平遠千戶所	豫旺城（平遠所城）●
	正德元年（1506）：置興武千戶所	興武營城◎
	正德三年（1506）：置鎮羌千戶所	神木縣城●
	嘉靖元年（1522）：置安邊千戶所	安邊所城●
	嘉靖三十年（1551）：置平虜千戶所	平虜（羅）城◎

（●爲元代既有；◎爲明代新築）

　　總體來看，陝西各邊地區的陝西行都司和陝西都司沿邊各衛所城市的建置過程都是隨著明王朝的統治加強開展的，基本是按照由近邊的府、州、縣非實土衛所城市到臨邊實土衛所城市的進程，逐次進行的。

5.1.2　陝西各邊地區衛所城市分佈情況

　　在明代以前，陝西各邊地區的城市密度較低，地幅遼廣，這也與很多地區地瘠民貧，自然條件、經濟條件有限有關。例如在元代，有關城市僅在隴西、隴南的傳統經濟發展地帶形成組群。寧夏、陝北基本處於少數城市孤懸千里的狀態。而河西走廊一帶的城市也並未緊密聯繫，僅少量集中在走廊南端。

明代陝西各邊地區衛所城市中繼承元代以前城址者，其城市間距都非常大，例如從西南的階州向東北至秦州、平涼、慶陽、延安一線近邊地區，城市間距基本都保持在 350 里左右。這也表明此前各城市經濟體間的聯繫並不足夠密切。

在此基礎上，明代陝西各邊地區衛所城市按照其分佈聯絡關係大致可分爲五個地帶：

第一，在河西走廊的陝西行都司所轄各衛所城市帶。從嘉峪關西的肅州衛城起，高臺所城、甘州城、山丹衛城、永昌衛城、涼州衛城、古浪所城至河西走廊平原地區的莊浪衛城、西寧衛城一帶，以及附近的鎮夷所城、鎮番衛城。這些城市的大部分間距在 120 里至 200 里之間，按照 60 里左右的驛遞每日基數，則每座城市之間的聯絡時間大致在 2～3 日之間。這個聯絡時間大致也反映了河西走廊上的有關城市在明代受到北方少數民族侵軼的猛烈程度不算太大。河西走廊連成整體。

第二，上面提到的階州至延安一線的近邊城市帶。這個城市帶在明代略有延伸和加密，例如階州西南 270 里的文縣歸入化內，延安東北 360 里的綏德，以及再向北 300 里的榆林以及迤東的神木也進入這個序列，真正成爲了明代北邊衛所城市防禦體系的在防禦縱深上的大動脈。在秦州與階州之間又加入禮店所（後改禮縣），將這個 350 里的距離一分爲二，對川隴要道的控制更爲緊密。

第三，平涼慶陽西北的大片荒瘠地區形成了密集城市群。這個城市群連接寧夏、甘肅，完全由安邊、平虜、鎮戎、西安、韋州等實土千戶所建置城市以及寧夏中衛、靖虜衛等實土衛建置城市組成。農牧生產結合。城市間距大部分在 120～240 里之間，成爲黃河東岸的重要屏障。

第四，寧夏沿河套地區城市帶。這個城市帶的形成基礎是中隔黃河的寧夏和靈州兩座城市，但城市間距只有 90 里，然後分別向南北延伸，北至平虜所城，南至興武營城、花馬池城，新增實土衛所城市的間距是 120～150 里，按照 60 里左右的驛遞每日基數，則每座城市之間的聯絡時間可在 2 日以內。這也反映了此城市帶抵禦河套敵人的相對艱巨程度。

第五，臨洮、鞏昌以西城市群。此城市群主要是面對西番，城市間距並不均勻，大致在 240 里以上，加之在岷洮地區長期形成的各民族雜居的經濟方式，自成獨立體系。

圖 5.1.7　元代甘肅陝西主要城市分佈

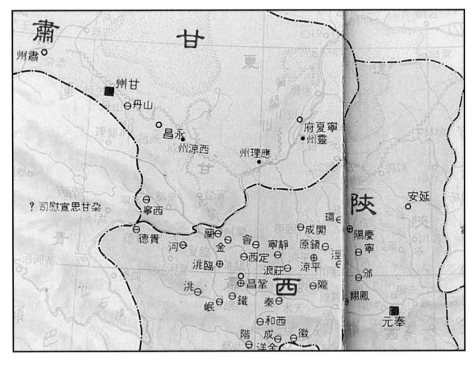

（資料來源：《中國歷史地圖》）

就整個地區而言，明代陝西沿邊地區的衛所城市建設分佈有以下特點。

第一，更進一步開發了西北，這個地區幅員遼闊，地形複雜，氣候多樣，很多地區自古以來就是多民族雜居地，加之產業經濟繁榮程度不同，明代以前的城市分佈呈現強烈的不平衡性，這種「天然」不平衡性在明代被打破，一些本來生活條件一般的地區，由於軍事衛所的屯戍生產生活，變成了人口較多的城市建置地。例如東西河套沿沙漠地帶的城市，以及隴西固原地區的城市。

第二，依託衛所城市等級規模形成經濟「增長極」。西北有關落後地區與發達地區相比非均衡發展，但是通過國防經濟投入，衛所城市介入落後地區，形成經濟增長點，相當於國家投資經濟發展，帶動相鄰地區和城市加快發展。

第三，通過衛所城市建置，加密了既有城市地帶，以地緣關係和軍事聯繫為基礎，增進了區域城市交流，也強化了原有孤立城市間的等級秩序。並且形成了傳統城市以外的新的城市帶。其中的很多城市還成為了現代城市的起點。

圖 5.1.8　明代陝西行都司所轄衛所城市分佈關係

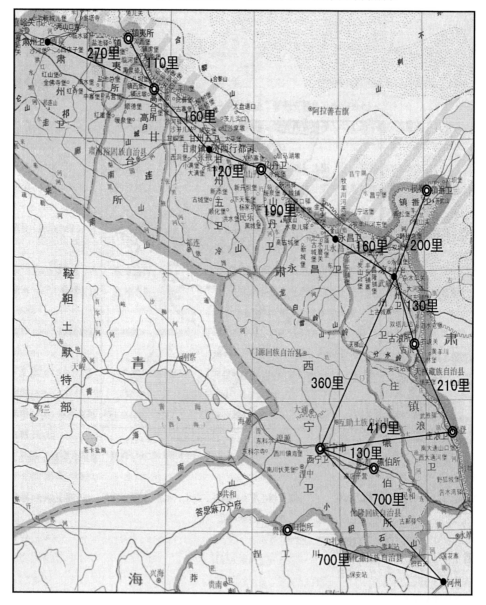

（底圖來源：《中國歷史地圖集》）

圖 5.1.9　陝西都司沿邊衛所城市分佈關係

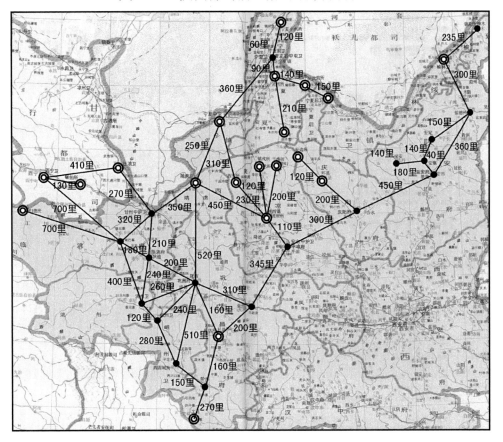

（底圖來源：《中國歷史地圖集》）

5.2 陝西各邊地區衛所城市平面形態

5.2.1 城市街道的平面模式

在已掌握的有關城圖中，陝西各邊地區衛所城市的街道平面模式可見有以下幾類：

5.2.1.1 簡單型

圖 5.2.1 清代後期平羅縣（明代平虜所）城圖

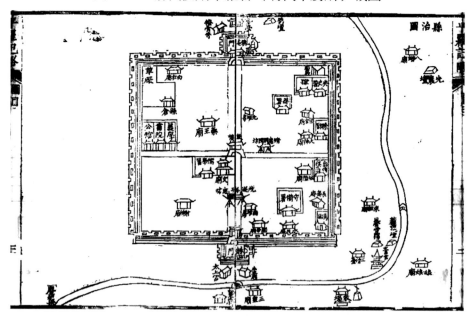

（資料來源：道光《平羅紀略》）

在簡單型實例中，寧夏平虜所城只開南、北兩門，一條主乾道連接南北兩門。雖然環縣城也開兩門，但開的是西、南兩門，南街與西街相交於城中。對照環縣的城市周圍環境，其原因是環縣城東、北方向兩面環山，西、南方向開闊。城門開口當是因此環境條件。

圖 5.2.2　明代環縣城池圖

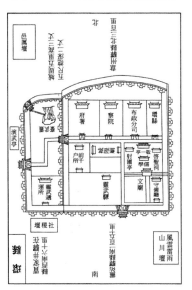

（資料來源：嘉靖《陝西通志》）

圖 5.2.3　清代前期環縣城圖

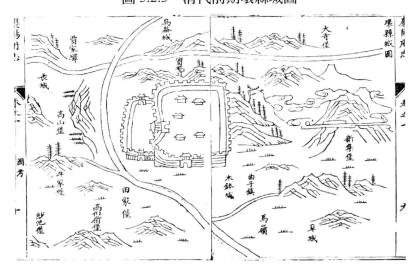

（資料來源：順治《慶陽府志》）

　　另外，文縣縣城在明代也是只開東、西兩座城門，一條主乾道連接東、西兩門的簡單街道平面模式。但是，到了清代前期已經在城南垣中又開闢了一座城門。這個實例可以反映城市城門數量按照需要調整的情況。

5.2.1.2 十字街型

圖 5.2.6　明代甘州衛（即陝西行都司）城池圖

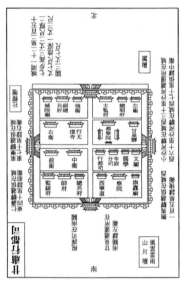

（資料來源：嘉靖《陝西通志》）

圖 5.2.7　明代綏德州城池圖

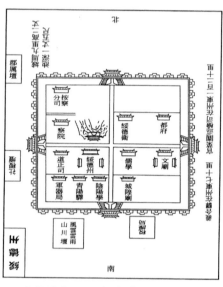

（資料來源：嘉靖《陝西通志》）

圖 5.2.8　明代岷州衛城池圖

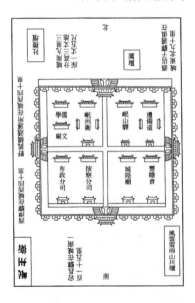

（資料來源：嘉靖《陝西通志》）

圖 5.2.9　明代蘭州城池圖

（資料來源：嘉靖《陝西通志》）

圖 5.2.10　明代洮州衛城池圖

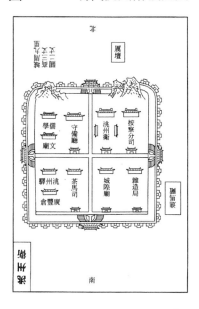

（資料來源：嘉靖《陝西通志》）

圖 5.2.11　明代榆林衛城池圖

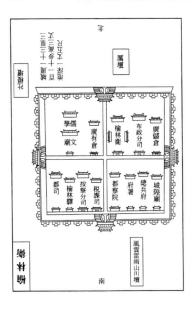

（資料來源：嘉靖《陝西通志》）

圖 5.2.12　明代階州城池圖

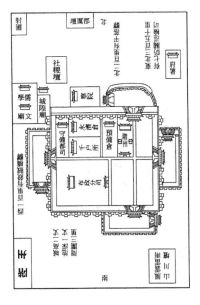

（資料來源：嘉靖《陝西通志》）

圖 5.2.13　明代神木縣城池圖

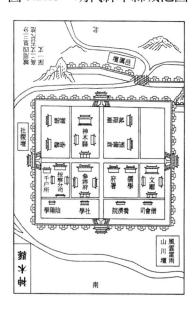

（資料來源：嘉靖《陝西通志》）

5.2.1.3 丁字街型

圖 5.2.14 明代西寧衛城池圖

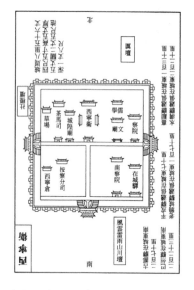

（資料來源：嘉靖《陝西通志》）

圖 5.2.15 明代鎮番衛城池圖

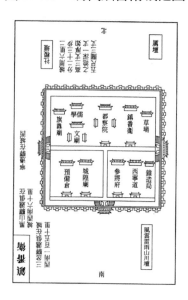

（資料來源：嘉靖《陝西通志》）

圖 5.2.16 明代山丹衛城池圖

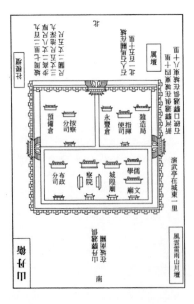

（資料來源：嘉靖《陝西通志》）

圖 5.2.17 明代涼州衛城池圖

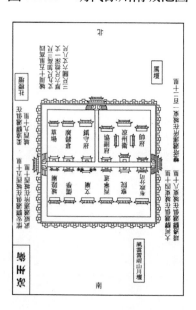

（資料來源：嘉靖《陝西通志》）

圖 5.2.18　明代高臺守禦千戶所城
　　　　　池圖

圖 5.2.19　明代鎮夷守禦千戶所城
　　　　　池圖

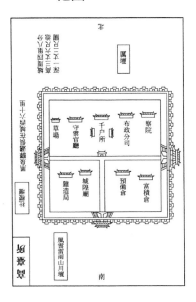

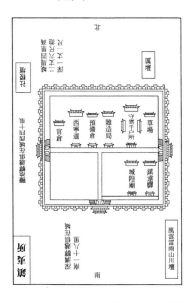

（資料來源：嘉靖《陝西通志》）

（資料來源：嘉靖《陝西通志》）

圖 5.2.20　明代古浪守禦千戶所城
　　　　　池圖

圖 5.2.21　明代靖虜衛城池圖

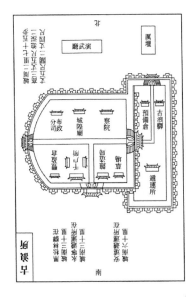

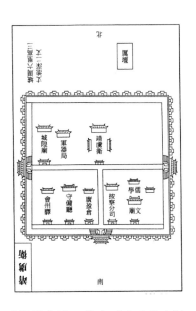

（資料來源：嘉靖《陝西通志》）

（資料來源：嘉靖《陝西通志》）

圖 5.2.22　明代肅州衛城池圖　　　　　圖 5.2.23　明代寧夏中衛城池圖

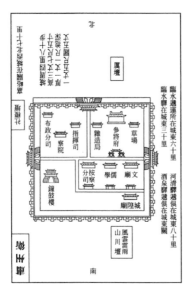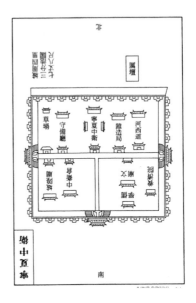

（資料來源：嘉靖《陝西通志》）　　　（資料來源：嘉靖《陝西通志》）

圖 5.2.24　明代固原州城池圖　　　　　圖 5.2.25　明代河州城池圖

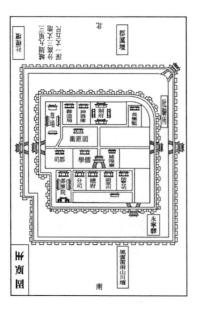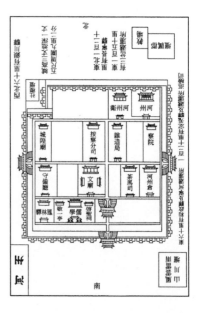

（資料來源：嘉靖《陝西通志》）　　　（資料來源：嘉靖《陝西通志》）

圖 5.2.26　明代靈州所城池圖

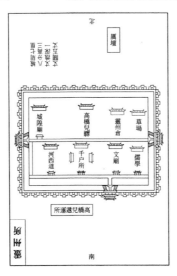

（資料來源：嘉靖《陝西通志》）

明代靈州所城圖所見的情況較為特殊，城垣雖然開了三門，東、西兩門通過一條主乾道連接，但是南門並沒有直接開南街以通東西主乾道，而是沿南垣關順城街與西垣順城街連接。

5.2.1.4　錯位十字街型

圖 5.2.27　明代莊浪衛城池圖

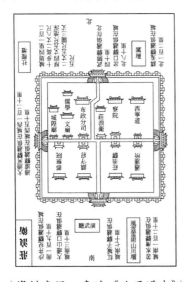

（資料來源：嘉靖《陝西通志》）

圖 5.2.28　明代永昌衛城池圖

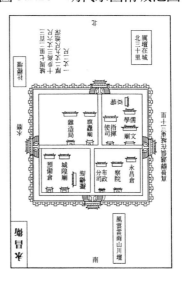

（資料來源：嘉靖《陝西通志》）

圖 5.2.29　明代平涼府圖

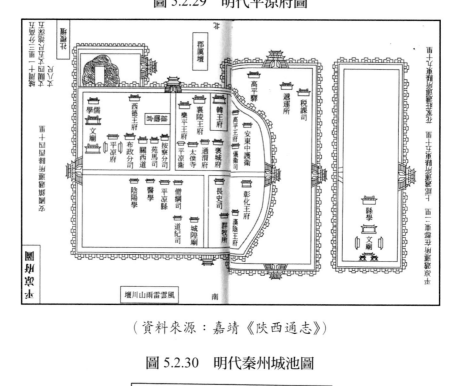

（資料來源：嘉靖《陝西通志》）

圖 5.2.30　明代秦州城池圖

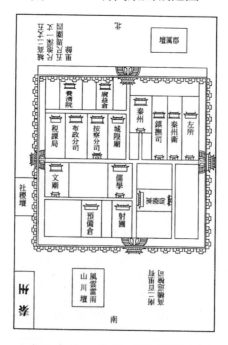

（資料來源：嘉靖《陝西通志》）

圖 5.2.31　明代鞏昌府城池圖

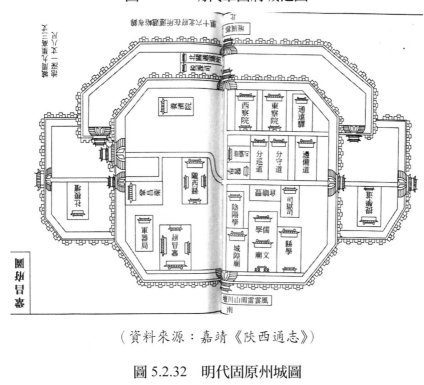

（資料來源：嘉靖《陝西通志》）

圖 5.2.32　明代固原州城圖

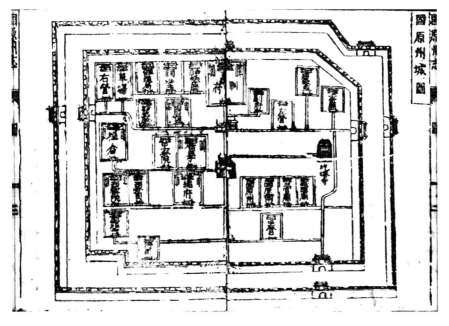

（資料來源：萬曆《固原州志》）

　　在錯位十字街的實例中，鞏昌府城和固原州城的情況更爲特殊。其中，鞏昌府城的西垣並列開了兩座城門，其中一座連接西街與東門東街交錯匯合於南北門所對的南北直街。

　　而固原州內城的變化更爲複雜，首先，西門所對東西街不是直街，而是在西門處加了一處轉折；其次，南、北門偏離較遠，南北街分別再各增加曲折交於東西街。大概是所見實例中最複雜的一種錯位十字街的情況。

5.2.1.5　複雜型

圖 5.2.33　明代寧夏衛城池圖

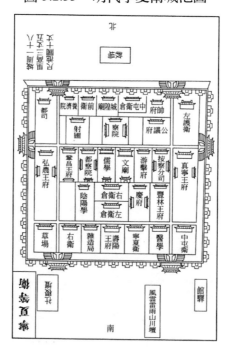

（資料來源：嘉靖《陝西通志》）

圖 5.2.34　明代臨洮府圖

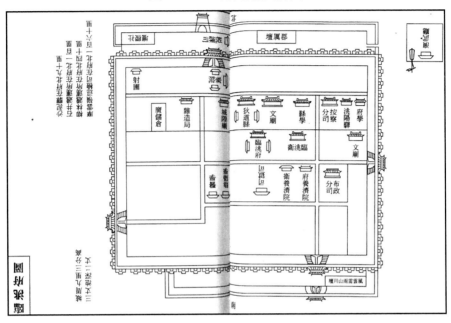

（資料來源：嘉靖《陝西通志》）

圖 5.2.35　明代慶陽府圖

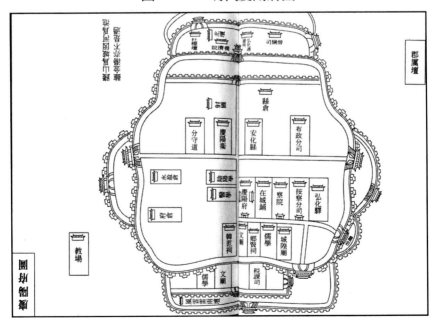

（資料來源：嘉靖《陝西通志》）

圖 5.2.36　明代延安府圖

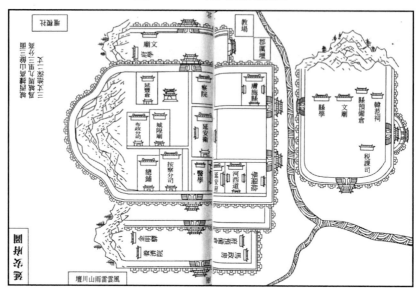

（資料來源：嘉靖《陝西通志》）

圖 5.2.37　清代中期禮縣城圖

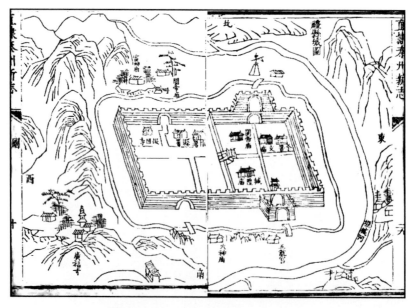

（資料來源：乾隆《直隸秦州新志》）

　　上述寧夏衛城、臨洮府城、慶陽府城、延安府城都是複雜型的城市街道
平面模式。之所以複雜基本都是由於當初築城之時，因考慮城市地勢、規模

和防禦等有計劃的設計安排。而禮縣城也較為複雜，但卻是由於先後兩次築城的結果。

> 禮縣故無縣，亦無城，惟有禮店所，明成化間始建縣，初欲於所城建署，議者以為所城既小又有所署，再加縣治不便，於是就所城迤西拓地建城，蓋以所之西城為縣之東垣，惟增築南北東三面，所城舊有南北二門，縣城亦開南北二門，而復於所西縣東通一門，曰穿城門，萬曆三十年，以軍民出入或妨，又於所東闢一門曰東門，後以水恆入城，居民患之，復閉焉，其城惟土垛用磚高三丈五尺，闊二丈，周三里有奇，池深六尺。國朝仍其舊。〔註10〕

明初置禮店千戶所築城，是為東城，也是所公署建置地，城市開南北兩門，由一條南北街連接兩門。後建的西城是縣署之所在，接東城而築。其建成結果就是兩城並置，共對外開有四門，南門有二，北門亦有二。

5.2.2　城牆規模與城門數量

明代陝西各邊地區的衛所城市規模及築城情況，本文整理有關地方志，羅列如下表所示：

表 5.2.1　明代陝西各邊地區衛所城市城池規模〔註11〕

城　市	城市規模	築城時間	城牆池深	駐防軍隊規模〔註12〕
延安府（膚施縣附郭）	9 里 3 分；門 3	（舊有）弘治初修葺	高 3 丈，池深 2 丈	延安衛
綏德州	8 里 280 步；門 4	（舊有）洪武中增修	高 3 丈，池深 1.5 丈	綏德衛
安塞縣〔註13〕	周 3 里 7 分；門 3	（舊有）景泰中重修	高 1.7 丈，池深 1 丈	塞門千戶所
安定縣〔註14〕	周 5 里 3 分；門 2	（舊有）洪武二年重修	高 1.8 丈，池深 1.5 丈	安定千戶所

〔註10〕乾隆《直隸秦州新志》卷三，建置。
〔註11〕康熙《陝西通志》卷五，城池。
〔註12〕《讀史方輿紀要》。嘉靖《陝西通志》卷三十九，兵防。
〔註13〕嘉慶《延安府志》卷十二。
〔註14〕道光《安定縣志》卷二。

保安縣〔註15〕	周9里3分	（舊有）洪武二年修葺	高2丈，池深1丈	保安千戶所
榆林城	周13里310步；門7	（舊有）正統中建；成化八年增築	高3丈，池深1.5丈	榆林衛
神木縣	周4里3分	（舊有）正統八年重修；隆慶六年增高；萬曆六年磚甃〔註16〕	高2.5丈，池深1丈；增高3.7丈	鎮羌守禦千戶所
慶陽府（安化縣附郭）	7里13步；門4	成化初修築		慶陽衛
環縣	5里350步	（舊有）嘉靖二年重修	高5.5丈，池深2丈	環縣千戶所
安邊所（營）		西北有安邊守禦千戶所，弘治中置。〔註17〕		安邊千戶所
平涼府	9里30步；門4	（舊有）洪武六年復修	高4丈，池深4丈	安東中護衛平涼衛
固原州	13里7步；門4	（舊有）景泰元年復修；成化五年增築；萬曆三年始甃以磚	高3.6丈，塹深2丈	固原衛（成化五年置）
西安所城〔註18〕	周圍5里6分		高闊各3.2丈	西安千戶所
鎮戎所城（古葫蘆峽城）〔註19〕	周圍3里	（舊有）成化九年修，	高闊各3丈	鎮戎千戶所
平遠所城〔註20〕（舊豫王城）	周圍5里3分	弘治十四年修築	高3.2丈	平遠千戶所
靖虜衛（靖邊衛、靖遠衛）	周6里3分，門3	（舊有）正統二年增築	高3丈，池深2丈	靖虜衛
鞏昌府	周9里120步；門4	（舊有）洪武十二年重修	高3.1丈，池深3.7丈	鞏昌衛

〔註15〕嘉慶《延安府志》卷十二。
〔註16〕道光《神木縣志》卷三，建置。
〔註17〕張廷玉《明史》卷四十二，志第十八。
〔註18〕萬曆《固原州志》上卷，建置志。
〔註19〕萬曆《固原州志》上卷，建置志。
〔註20〕萬曆《固原州志》上卷，建置志。

文縣	周 2 里 3 步	洪武二十八年開設千戶所。成化六年始建縣城於所城之西	高 1.5 丈，池深 1 丈	文縣守禦千戶所
秦州	周 4 里 104 步；門 2	（舊有）洪武六年重修	高 3.5 丈，池深 1 丈	秦州衛
禮縣	周 3 里；門 2	成化七年建，十九年重修	高 2.5 丈，池深 0.7 丈	禮店守禦千戶所
階州	周 3 里 120 步；門 4	（舊有）洪武五年重修	高 1.7 丈，池深 1 丈	階州千戶所
岷州衛	周 9 里 3 分；門 4	（舊有）洪武十一年始築	高 3.6 丈，池深 1.5 丈	岷州衛
西固城	周 3 里 3 分	（舊有）洪武十四年展築	高 2.5 丈，無池	西固城千戶所
臨洮府（狄道）	周 9 里 3 分；門 4	（舊有）洪武三年增築甃以磚	高 3 丈，池深 1 丈	臨洮衛
蘭州	周 3 里奇；門 2	（舊有）萬曆四年修築	高 2 丈，池深 1 丈	蘭州衛、甘州中護衛
河州	周 9 里 3 分；門 4	（舊有）洪武十二年改築，弘治十三年重修	高 5 丈，池深 3 丈	河州衛
歸德所城〔註21〕	周回 3 里 8 分；門 2	洪武五年修土城；萬曆十八年增修；	高 3.5 丈；壕深 1.5 丈	歸德守禦千戶所
洮州衛城	周 9 里；門 4	洪武十二年建；	高 3 丈，池深 1 丈	洮州衛
寧夏衛城	周 18 里 310 步；門 6	（舊有）正統中復築新城；萬曆三年年重修	高 3.6 丈，池深 2 丈	寧夏衛，寧夏前衛，寧夏中屯衛，寧夏左屯衛，寧夏右屯衛
靈州所城	周 7 里 8 分；門 4	多次水沖移築，萬曆五年甃以磚石	高 3 丈，池深 1 丈	靈州守禦千戶所
興武營（興武所城）〔註22〕	周圍 3 里 8 分	正統間築，萬曆十三年甃以磚石	高 2.5 丈；池深 1 丈。門 2	興武守禦千戶所
平虜（平羅）所	周 4 里 5 分；門 2	永樂初建；萬曆三年甃以磚石	高 3.5 丈，池深 1 丈	平虜千戶所
韋州堡城〔註23〕	周圍 2 里			韋州千戶所

〔註21〕乾隆《西寧府新志》建置。
〔註22〕嘉慶《靈州志蹟》卷一，城池堡寨志。
〔註23〕嘉慶《靈州志蹟》卷一，城池堡寨志。

寧夏中衛	周 7 里 3 分；門 2	（舊有）洪武中建為衛；正統初，天順中拓築；嘉靖二年始開南門 1	高 3.5 丈，池深 1 丈	寧夏中衛
寧夏後衛（花馬池）	周 7 里 2 分；門 3	正統八年築；天順中改築今城。萬曆三年開南門，八年甃以磚石	高 3 丈，池深 1.5 丈	寧夏後衛（成化十五年置花馬池千戶所，正德元年升）
甘州衛城	周 12 里 357 步；門 4	（舊有）舊城周 9 里 30 步，洪武二十五年增築新城	高 3.2 丈，池深 1.7 丈	陝西行都司，甘州左、右、中、前、後衛
肅州衛	周 8 里；門 3	（舊有）洪武二十八年拓築；萬曆二年磚包	高 3.5 丈，池深 2 丈	肅州衛
西寧衛城	周 8 里 56 丈；門 4	（舊有）洪武十九年改築	高 5 丈，池深 1.8 丈	西寧衛
碾伯城〔註24〕	周 3 里 310 步；門 2		高 4 丈，池深 2.5 丈	碾伯守禦千戶所（西寧衛右所）
莊浪衛城	周 8 里 3 分；門 8	（舊有）洪武十四年重築	高 2.8 丈，池深 2.5 丈	莊浪衛
鎮番衛（鎮邊衛）城	周 6 里 2 分 23 步；門 3	（舊有）洪武二十九年修葺；成化元年拓築；嘉靖二十五年磚包	高 3.1 丈，池深 1.5 丈	鎮番衛
永昌衛城	周 7 里 230 步；門 4	（舊有）洪武二十四年增築	高 3.6 丈，池深 1.2 丈	永昌衛
山丹衛城	周 7 里 209 步；門 4	（舊有）洪武二十四年拓築	高 2.2 丈，池深 0.9 丈	山丹衛
涼州衛城	周 11 里 180 步；門 3，後增西門	（舊有）洪武十年增築；萬曆二年用磚包砌；萬曆四十五創開新南門	高 5.1 丈，池深 1.2 丈	涼州衛
高臺所城	周 4 里；門 1	天順建；水患移築	高 3.6 丈，池深 1.2 丈	高臺守禦千戶所
鎮夷所（鎮彝所）城	周 4 里；門 2 俱南向	永樂中建；水患移築	高 3.6 丈，池深 1.1 丈	鎮夷守禦千戶所
古浪所城	周 2 里 75 步；門 2	永樂中建；水患移築	高 2.5 丈，池深 2.5 丈	古浪守禦千戶所

〔註24〕順治《西鎮志》建置。

圖 5.2.38　明代陝西各邊地區衛所城市城門數量與城牆周回關係

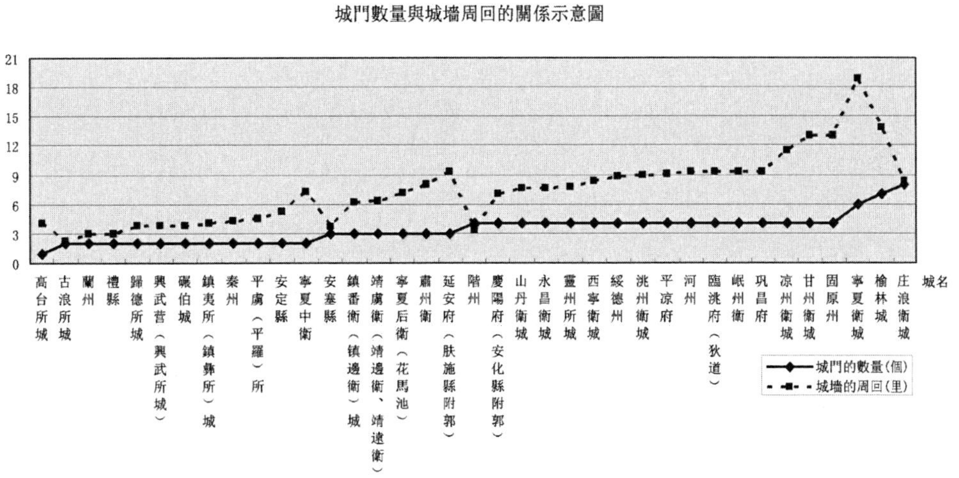

城門數量與城牆周回的關係示意圖

（資料來源：自繪）

　　分佈在明代陝西各邊地區的陝西都司、陝西行都司沿邊衛所城市大多數的正城城門數量與城牆的周回規模具有較明確的正相關關係，並且在一定範圍內具備可能有規律的關係，如上圖所示。

　　第一，只開 1 座城門的是高臺所城，但其城牆的周回達 4 里。甚至超過了本地區開 3 座城門的城市規模。這樣特殊的封閉性，可能反映了高臺所防禦的壓力。

　　第二，本地區開 2 座城門的衛所城市城牆周回從 2 里至 7 里不等，大多數在 4 里上下。其中寧夏中衛城也具有特別強的封閉性，周回 7 里卻也只開 2 門，不亞於高臺所的封閉程度。

　　第三，開 3 座城門的衛所城市，城牆周回只有 3 里多的是安塞縣城，其餘在 6 里至 9 里，沒有明確的規律存在。安塞縣是一個非實土千戶所的建置城市，可能其日常生活的城內外溝通要求比較高。

　　第四，本地區開 4 座城門的衛所城市，其城牆周回大多數在 7 里至 9 里。城牆周回較小的是階州城，只有不到 4 里，原因尚不明；而周回較大的是涼州衛城（11 里多）、甘州衛城（約 13 里）和固原州城（13 里多），這三座城市的軍事意義都較為重大，可能與此相關。

　　第五，寧夏衛城（18 里多）、榆林城（13 里多）、莊浪衛城（8 里多）分別開門 6 座、7 座、8 座，莊浪衛城開門較多是一特例，其餘兩座城同比當

屬正常。

再看下表中這些衛所城市的城池城牆高度關係。其中慶陽府城因是「削山爲城」，未計入築城統計之內。

圖 5.2.39　明代陝西各邊地區衛所城市城池城牆高度關係

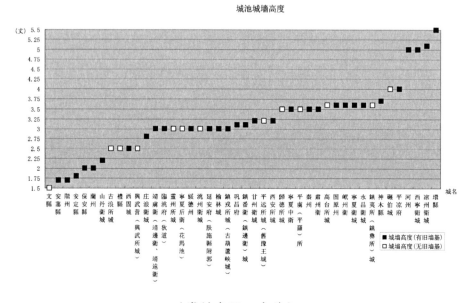

（資料來源：自繪）

明代陝西各邊地區的大部分衛所城市城池都是有前代舊牆基的，而且有無舊牆基對城牆高度的影響程度不夠明顯。但是本地區築城牆最高的城市——環縣城、涼州衛城、西寧衛城都是有舊牆基的，達到了 5 丈左右以上，堪稱「雄城」。

下面再討論這些衛所城市的城牆周回規模與駐軍規模之間的關聯關係。

如下圖所示，在陝西各邊地區，衛所城市的城牆高度與駐軍規模之間有一定的逐漸增多對應關係。其中，在城牆周回 6 里以下的衛所城市中，除了蘭州城、秦州城以外，都是千戶所建置的城市。而在 6 里以上的衛所城市中，除了靈州所城和保安縣城是千戶所建置外，其餘都是一衛或數衛屯戍於此。

圖 5.2.40　明代陝西各邊地區衛所城市城牆周回與駐防軍隊的規模

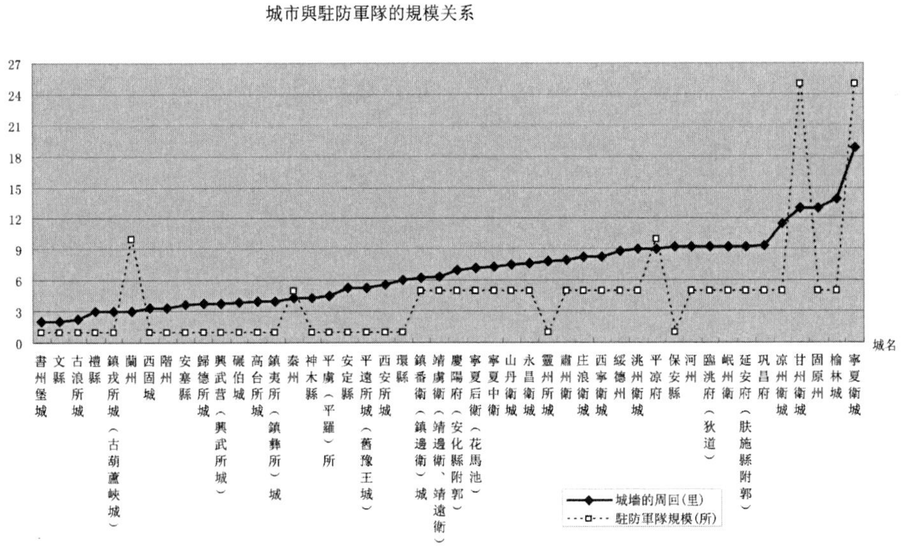

城市與駐防軍隊的規模关系

（資料來源：自繪）

5.2.3　主要建築的分佈方位

在明代陝西各邊地區的陝西行都司、陝西都司沿邊衛所城市的主要建築分佈位置可見下表。

表 5.2.2　明代陝西各邊衛所城市主要建築在城市中的分佈位置〔註25〕

城　市	主要文官署	主要武官署	學校〔註26〕	壇壝〔註27〕	城隍廟〔註28〕
延安府〔註29〕	府治：在城東南隅	延安衛：在府治北二百二十步	在府治北（洪武十一年建）	社稷壇：在府治北；風雲雷雨山川壇：在府城南；郡屬壇：在府城北	在城北關
安定縣〔註30〕	縣署：在城內正西街		在縣城東門內	社稷壇：在西門外；風雲雷雨壇：在	在城內大街道北

〔註25〕順治《雲中郡志》。
〔註26〕康熙《陝西通志》卷七，學校。
〔註27〕康熙《陝西通志》卷七，祠祀。
〔註28〕康熙《陝西通志》卷七，祠祀。
〔註29〕弘治《延安府志》。
〔註30〕道光《安定縣志》。

	縣署/州治	衛署/都司署	學校	壇	城隍廟
				東關外；屬壇：在西門外	
保安縣	縣署：在縣城中街北			社稷壇：在縣北門外；風雲雷雨壇：在縣東南；邑屬壇：在縣北	在縣治東
綏德州〔註31〕			（舊有）在州東（洪武間建）	社稷壇：在銀川（西）門外；風雲雷雨壇：在來遠（羅城南）門外；屬壇：在永樂門（北）外〔註32〕	州治東南
神木縣〔註33〕	縣署：在城東北隅	都司署：在西門城巷	在縣東南（洪武十四年建）		
平涼府			在府治西（洪武四年建）	社稷壇：在府城北二里；風雲雷雨山川壇：在府城南二里；郡屬壇：在府城北；	城隍廟：在府治東南
固原州〔註34〕	州治在城中	固原衛：在大街西	在城內大街西。在州治西（成化六年建）	山川社稷壇：在城北里許；風雲雷雨壇：在城南里許；屬壇：在城北里許	在州治東；
慶陽府		慶陽衛：在城西南隅〔註35〕	在府治東南〔註36〕	社稷壇：在府城北；風雲雷雨山川壇：在府城南；郡屬壇：在府城北三里；	在府治東南
環縣	縣治在城東南，洪武間建〔註37〕		在縣治南（洪武間建）	社稷壇：在縣城西一里；風雲雷雨山川壇：在縣城南一里；邑屬壇：在縣城西一里〔註38〕	在縣治西〔註39〕

〔註31〕順治《綏德州志》。
〔註32〕乾隆《綏德州直隸州志》。
〔註33〕道光《神木縣志》。
〔註34〕萬曆《固原州志》上卷，建置志。
〔註35〕嘉靖《慶陽府志》卷六・衛伍。
〔註36〕嘉靖《慶陽府志》卷五・學校。
〔註37〕嘉靖《慶陽府志》卷四・公署。
〔註38〕嘉靖《慶陽府志》卷九・祀典。
〔註39〕嘉靖《慶陽府志》卷九・祀典。

臨洮府 （狄道）	府署在城中 〔註40〕	臨洮衛署：在府治左	在府治東（舊有）東廟西學	社稷壇：在府城北；風雲雷雨山川壇：在府城南；郡厲壇：在府城北	在府治北
蘭州 〔註41〕	府署：在城西南	蘭州衛在州治東一里一十步〔註42〕	在府城東南（舊有）	社稷壇：在南郭內，風雲雷雨壇：在社稷壇左，俱肅府致祭，厲壇：在城東北〔註43〕	在州治東北
西固城守禦所		所治：在所城內正北 〔註44〕			
河州	州署在城北東偏〔註45〕	鎮署在鼓樓西〔註46〕河州衛在州治西〔註47〕	在州治西（舊有）	社稷壇：在城西北；風雲雷雨壇：在城東南一里；厲壇：在城北〔註48〕	在城正北〔註49〕
鞏昌府	府治：在城西南〔註50〕		在府治東（舊有）	社稷壇：在府城北一里；風雲雷雨山川壇：在府城南一里；郡厲壇：在府城北二里	在府治東
階州	州治：在城內北街 〔註51〕	所治：在城東南〔註52〕	在州治西（舊有）		

〔註40〕　道光《蘭州志》卷三・建置志。
〔註41〕　道光《蘭州志》卷三・建置志。
〔註42〕　萬曆《臨洮府志》卷六・武署。
〔註43〕　萬曆《臨洮府志》卷六・廟祠。
〔註44〕　康熙《鞏昌府志》卷十六・邊政考。
〔註45〕　宣統《河州採訪事蹟》・公署。
〔註46〕　宣統《河州採訪事蹟》・公署。
〔註47〕　萬曆《臨洮府志》卷六・武署。
〔註48〕　萬曆《臨洮府志》卷六・壇壝。
〔註49〕　萬曆《臨洮府志》卷六・祠廟。
〔註50〕　康熙《鞏昌府志》卷九・公署。
〔註51〕　康熙《鞏昌府志》卷九・公署。
〔註52〕　康熙《鞏昌府志》卷十六・邊政考。

文縣〔註53〕	縣治：在東城正中		在縣治東（弘治間建）	社稷壇：在縣北郊；風雲雷雨山川壇：在縣東郊；郡屬壇：在舊城北郊	在縣東門外
秦州〔註54〕	州治：在城內北街〔註55〕	衛治：在州東〔註56〕	在州治西南（舊有）	社稷壇在西郊，風雲雷雨山川壇在南門外；屬壇在北門外	城隍廟在州署西
禮縣〔註57〕	縣治：在城中街〔註58〕		在縣治東南（成化十五年建）		城隍廟在所城南
榆林衛			在衛治西（成化間建）	社稷壇：在城南；風雲雷雨山川壇：在城南；屬壇：在城北	在衛治東南
寧夏衛〔註59〕	府署：在城南	總兵署：在城北	在衛治西（洪武二十九年建）	社稷壇：在衛城南；風雲雷雨山川壇：在衛城南；屬壇：在衛城北	在衛治北
寧夏後衛	（花馬池）		在衛治東北（嘉靖二十九年建）		
寧夏中衛	衛署在城西通衢南向〔註60〕		舊在衛治東北，正統中建；後遷衛東南	明代無	
靈州千戶所	知州署在城東〔註61〕	千戶所在舊弘化門內〔註62〕	在所治東南（弘治十三年設）	社稷壇：在城西門外；風雲雷雨壇：在城南門外；屬壇：在城北	在城西北

〔註53〕康熙《文縣志》。
〔註54〕乾隆《直隸秦州新志》卷三·建置。
〔註55〕康熙《鞏昌府志》卷九·公署。
〔註56〕康熙《鞏昌府志》卷十六·邊政考。
〔註57〕乾隆《直隸秦州新志》卷三·建置。
〔註58〕康熙《鞏昌府志》卷九·公署。
〔註59〕乾隆《銀川小志》·公署。
〔註60〕乾隆《中衛縣志》卷二·公館。
〔註61〕嘉慶《靈州志蹟》卷一·公署學校志。
〔註62〕嘉靖《寧夏新志》卷三。

寧夏平虜所〔註63〕		所署:在城北街	學宮在縣治南	社稷壇:在城東門外;風雲雷雨壇:在城東門外;厲壇:在城北門外	
靖虜衛(靖遠衛)	兵糧道:在衛中正北〔註64〕	衛治:在城居中後移於城東北隅;〔註65〕	在衛治東南(正統三年建)	社稷壇:在城西南;風雲雷雨山川壇:在城南;厲壇:在城北	在衛治西北
洮州衛		衛治:在城東〔註66〕	在衛治西(永樂十七年建)	社稷壇:在城西;風雲雷雨山川壇:在城南;厲壇:在城北	在城北
岷州衛	州署:在城北	衛治:在城中東向〔註67〕	在衛治北(弘治間建)	社稷壇:在城西;風雲雷雨山川壇:在城治東;厲壇:在城北	在城東
陝西行都司(甘州)		陝西行都指揮使司:在城南隅〔註68〕	在城東南隅(洪武二十八年建)	社稷壇:在城北,附郭不置,餘衛所如制;風雲雷雨山川壇:在城西南,附郭不置,餘衛所如制;厲壇:在城東北,附郭不置,餘衛所如制	在行都司之西南
永昌衛		衛署:在大東街少北	在衛東北(宣德中建)	社稷壇:在縣西北二里,有牆垣壇墻;風雲雷雨山川壇:在縣南一里,有牆垣;壇墻;厲壇:在縣北一里	
古浪所〔註69〕		所署:在城內北隅	在城內西隅;	社稷壇:城東南一里;風雲雷雨山川壇:城東南一里;厲壇:城西北里許	城東北隅

〔註63〕乾隆《寧夏府志》卷六。
〔註64〕康熙《鞏昌府志》卷九‧公署。
〔註65〕康熙《鞏昌府志》卷十六‧邊政考。
〔註66〕康熙《鞏昌府志》卷十六‧邊政考。
〔註67〕康熙《鞏昌府志》卷十六‧邊政考。
〔註68〕萬曆《甘鎮志》卷十六‧邊政考。
〔註69〕乾隆《古浪縣志》卷四,建置志。

莊浪衛			在衛東（正統中建）	社稷壇：城西北一里；風雲雷雨山川壇：城南一里；	
涼州衛			在衛東南（正統中建）	社稷壇：城北一里許；風雲雷雨山川城隍壇：城南一里許；厲壇：城東北一里許〔註70〕	
西寧衛	西寧衛指揮使司：在城中央		城東北隅〔註71〕在衛東（宣德三年建）	社稷壇：城西一里；風雲雷雨山川壇：城南三里；厲壇：城北一里。	城西北隅
碾伯所			在鼓樓北〔註72〕		城西北隅
山丹衛			在衛東南（正統五年建）城東南隅	社稷壇：城北郊里許；風雲雷雨山川壇：城外南郊里許；厲壇：城外東郊里許	城東南隅
肅州衛城			在衛西南（成化三年建）城東南隅	社稷壇：城西南二里；風雲雷雨山川壇：城西南一里；厲壇：城東北一里	城西南隅
鎮番衛（鎮邊衛）		衛署：在大東街〔註73〕	在衛西（成化十三年始建）	社稷壇在城東北一里；風雲雷雨山川壇：在縣北一里；厲壇：在城東北里許	在城南街
高臺千戶所〔註74〕		所署：在城內東北隅；	在所東（嘉靖二十三年建）	社稷壇：在城西南一里；風雲雷雨山川壇：明無；厲壇：在城東南半里許	城西南隅

〔註70〕乾隆《武威縣志》卷一‧壇壝。
〔註71〕順治《西鎮志》建置。
〔註72〕乾隆《西寧府新志》建置。
〔註73〕道光《重修鎮番縣志》卷二‧建置考。
〔註74〕民國《新纂高臺縣志》卷三。

| 鎮夷所
（鎮彝所）
〔註75〕 | | 所署:在鎮夷城東北隅 | 學署在城東北隅 | 社稷壇：在城西北；風雲雷雨山川壇：在城東南；屬壇：在城西北一里 | 城東北隅 |

關於明代陝西各邊地區的衛所城市主要建築的分佈方位示意如下：

5.2.3.1　主要文官署

居城中的最多，可見 8 例；正北向的有 5 例；東南向和西向各 3 例；東北向和西南向各見 2 例；正東和正南向各有一例。

圖 5.2.41　明代陝西各邊衛所城市主要文官署方位

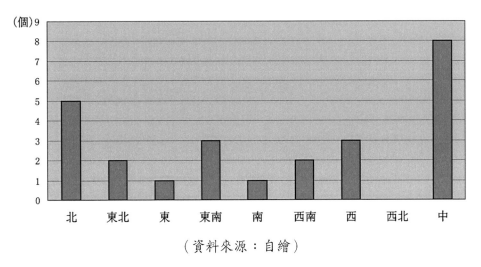

衛所城市中主要文官署分布方位趨勢圖

（資料來源：自繪）

5.2.3.2　主要武官署

分佈在城中正北方向的最多，有 9 例；其次是居中的，可見 5 例；東北向和正西向各有 4 例；正東向 3 例；西北向 2 例；西南和東南方向各見 1 例。

〔註75〕民國《新纂高臺縣志》卷三。

圖 5.2.42　明代陝西各邊衛所城市主要武官署方位

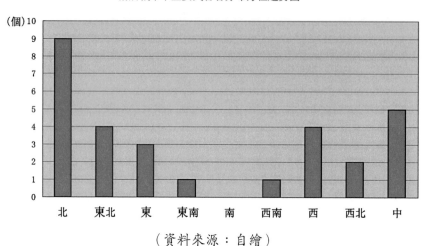

衛所城市中主要武官署分布方位趨勢圖

（資料來源：自繪）

5.2.3.3　學　校

　　分佈在城中東南向最多，有 12 例；正東向可見 5 例；正西向、西北向、和東北向各有 4 例；西南向有 3 例；正北向 2 例；居中的可見 1 例。

圖 5.2.43　明代陝西各邊衛所城市學校方位

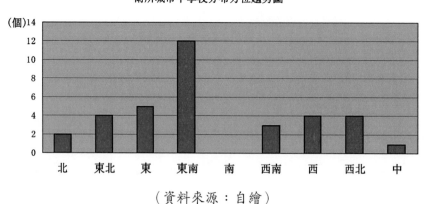

衛所城市中學校分布方位趨勢圖

（資料來源：自繪）

　　值得注意的是，神木縣學校（儒學）的建置主要考慮了城市堪輿地理意義，就是所謂巽位（東南方）建學有利於文昌，即有利於本城生員考取功名，在明代建學校的時候便將選址定在了城市內的東南方向，「《地理訣》云：學校建於巽方吉，明正統八年築今城建學宮於城南隅，隆慶間移置縣署之東南，

可謂得其地。」〔註76〕可以想見，在明代陝西各邊地區的衛所城市，對這一主要城市建築的營建理念往往成爲了某種共識，很多學校建於城市東南方當是受到了這個因素的影響。

5.2.3.4　社稷壇

在城外正西向的最多，有 11 例；正北向的有 10 例；在正南向和西北向的各有 4 例；西南向者 3 例；東北、東南和正東向各見 1 例。

圖 5.2.44　明代陝西各邊衛所城市社稷壇方位

衛所城市中社稷壇分布方位趨勢圖

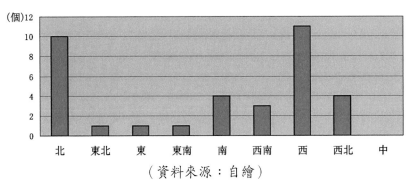

（資料來源：自繪）

5.2.3.5　厲　壇

絕大多數都在城外正北向，共見 21 例；在東北向的有 6 例；正西向可見 3 例；西北向有 2 例子；東南和正東向各有 1 例。

圖 5.2.45　明代陝西各邊衛所城市厲壇方位

衛所城市中厲壇分布方位趨勢圖

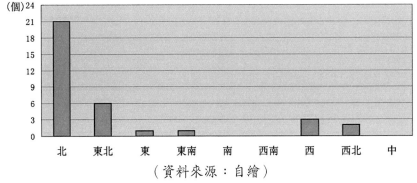

（資料來源：自繪）

〔註76〕道光《神木縣志》卷三，學校。

5.2.3.6 風雲雷雨山川壇

居於城外正南方向的是最大多數，共有 20 例；在東南向的有 7 例；正東向者為 3 例；正北和西南向各有 2 例。

圖 5.2.46 明代陝西各邊衛所城市風雲雷雨山川壇方位

衛所城市中風雲雷雨山川壇分布方位趨勢圖

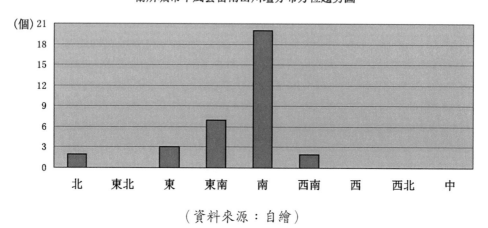

（資料來源：自繪）

5.2.3.7 城隍廟

位於城中正北向的最多，可見 8 例；其次是正南向的有 5 例；東北、東南和西南向各見 4 例；正東和西北方向各有 3 例；另見正西方向 1 例。

圖 5.2.47 明代陝西沿邊衛所城市城隍廟方位

衛所城市中城隍廟分布方位趨勢圖

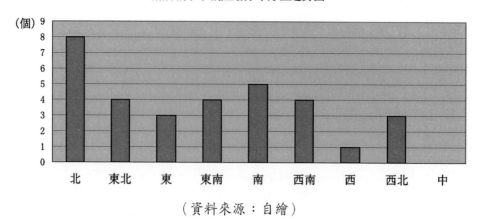

（資料來源：自繪）

5.3　小　結

由於地理位置和軍事作用的特殊性，明代陝西各邊地區衛所城市體系是在總體邊防建設目標的指導下，結合自身地區防禦特點日益完備的。整個過程貫穿了明王朝對故元後裔及蒙古各有關部族的戰略防禦政策的演變，經歷了初創、發展、調整、鞏固四個階段逐步強化起來的。按照其分佈聯絡關係，大致分為四個主要防禦方向。並且從城市密度、間距關係等角度對各地帶涉及的衛所城市群加以剖析，從而得出陝西各邊地區衛所城市在城市布局和選址方面的特點。

在此基礎上，本章還從城市街道的平面模式，城牆周回規模與城門數量，主要建築的分佈方位三方面，對陝西各邊地區衛所城市的平面形態進行了進一步的探討。

其一，根據對已掌握的地方志輿圖的梳理，陝西各邊地區衛所城市的街道平面模式大致有四類：簡單型、十字街型、錯位十字街型，複雜性。

其二，結合地方志中的有關記載，對明代陝西各邊地區衛所城市的規模及築城情況加以整理，從城門數量與城牆周回關係，城牆周圍與駐軍規模的關係以及城池城牆高度三個角度加以分析，從而得到一些可能的規律性，並嘗試加以解釋。

其三，通過對衛所城市的主要文官署、武官署、學校、壇壝、城隍廟這幾類主要建築分佈方位趨勢的數據化分析，可以發現其中一些與建置慣例相關聯的特點。

5.3　小　結

由於地理位置和軍事作用的特殊性，明代陝西各邊地區衛所城市體系是在總體邊防建設目標的指導下，結合自身地區防禦特點日益完備的。整個過程貫穿了明王朝對故元後裔及蒙古各有關部族的戰略防禦政策的演變，經歷了初創、發展、調整、鞏固四個階段逐步強化起來的。按照其分佈聯絡關係，大致分為四個主要防禦方向。並且從城市密度、間距關係等角度對各地帶涉及的衛所城市群加以剖析，從而得出陝西各邊地區衛所城市在城市布局和選址方面的特點。

在此基礎上，本章還從城市街道的平面模式，城牆周回規模與城門數量，主要建築的分佈方位三方面，對陝西各邊地區衛所城市的平面形態進行了進一步的探討。

其一，根據對已掌握的地方志輿圖的梳理，陝西各邊地區衛所城市的街道平面模式大致有四類：簡單型、十字街型、錯位十字街型，複雜性。

其二，結合地方志中的有關記載，對明代陝西各邊地區衛所城市的規模及築城情況加以整理，從城門數量與城牆周回關係，城牆周圍與駐軍規模的關係以及城池城牆高度三個角度加以分析，從而得到一些可能的規律性，並嘗試加以解釋。

其三，通過對衛所城市的主要文官署、武官署、學校、壇壝、城隍廟這幾類主要建築分佈方位趨勢的數據化分析，可以發現其中一些與建置慣例相關聯的特點。